O Espírito Santo, meu companheiro

Dados Internacionais de Catalogação na Publicação (CIP)
(Câmara Brasileira do Livro, SP, Brasil)

Cho, David Yonggi, 1936-
 O Espírito Santo, meu companheiro: conheça melhor o Espírito Santo e seus dons / David Yonggi Cho; tradução João Batista. São Paulo: Editora Vida, 2007.

 Título original: *The Holy Spirit, My Senior Partner*
 ISBN 978-85-7367-155-1

 1. Batismo no Espírito Santo 2. Cho, David Yonggi, 1936- 3. Dons espirituais 4. Espírito Santo 5. Pentecostalismo I. Título.

07-4866   CDD 243-13

Índices para catálogo sistemático:

 1. Dons do Espírito Santo : Doutrina cristã 243.13
 2. Espírito Santo : Dons : Doutrina cristã 243.13

David Yonggi Cho

O Espírito Santo, meu companheiro

CONHEÇA MELHOR O ESPÍRITO
SANTO E SEUS DONS

EDITORA VIDA
Rua Conde de Sarzedas, 246 — Liberdade
CEP 01512-070 — São Paulo, SP
Tel.: 0 xx 11 2618 7000
atendimento@editoravida.com.br
www.editoravida.com.br
@editora_vida /editoravida

O ESPÍRITO SANTO, MEU COMPANHEIRO
©1989, de David Yonggi Cho
Originalmente publicado com o título
The Holy Spirit, My Senior Partner
Edição brasileira © 1997, Editora Vida

Todos os direitos desta edição em língua portuguesa
reservados e protegidos por Editora Vida pela
Lei 9.610, de 19/02/1998.

É proibida a reprodução desta obra por quaisquer meios
(físicos, eletrônicos ou digitais), salvo em breves citações,
com indicação da fonte.

∎

Exceto em caso de indicação em contrário,
todas as citações bíblicas foram extraídas de
*Edição Contemporânea da tradução de João Ferreira
de Almeida* (AEC), publicada por Editora Vida, salvo
indicação em contrário.

Todas as citações bíblicas e de terceiros foram adaptadas
segundo o Acordo Ortográfico da Língua Portuguesa,
assinado em 1990, em vigor desde janeiro de 2009.

∎

Editor responsável: Sônia Freire Lula Almeida
Editor-assistente: Gisele Romão da Cruz
Tradução: João Batista
Preparação e revisão de provas: Equipe Vida
Diagramação: Claudia Fatel Lino
Capa: Thiago Bech

As opiniões expressas nesta obra refletem o ponto de vista
de seus autores e não são necessariamente equivalentes às
da Editora Vida ou de sua equipe editorial.

Os nomes das pessoas citadas na obra foram alterados nos
casos em que poderia surgir alguma situação embaraçosa.

Todos os grifos são do autor, exceto indicação em contrário.

1. edição: 1997
16ª reimp.:   fev. 2009
17ª reimp.:   set. 2010 (Acordo Ortográfico)
18ª reimp.:   jan. 2011
19ª reimp.:   abr. 2011
20ª reimp.:   maio 2011
21ª reimp.:   jul. 2022
22ª reimp.:   jan. 2023

Esta obra foi composta em *Revival 565 BT*
e impressa por Promove Artes Gráficas sobre papel
Pólen Natural 70 g/m² para Editora Vida.

Sumário

Introdução 7

Capítulo 1
Comunhão com o Espírito Santo — Por quê? 15

Capítulo 2
Quem é o Espírito Santo? 31

Capítulo 3
Nomes e símbolos do Espírito Santo 39

Capítulo 4
Os incrédulos e o Espírito Santo 57

Capítulo 5
Os cristãos e o Espírito Santo 67

Capítulo 6
O batismo do Espírito Santo 83

Capítulo 7
Recebendo o batismo do Espírito Santo 101

Capítulo 8
Discernindo espíritos malignos em uma pessoa ... 109

Capítulo 9
Dons do Espírito Santo 116

Capítulo 10
Os dons de revelação 124

Capítulo 11
    Os dons vocais 140
Capítulo 12
    Os dons de poder 147

Introdução

Deus tem um agente executivo divino no mundo de nossos dias: o Espírito Santo. Ele é o continuador da obra que Jesus começou. Move-se entre milhões de cristãos e incrédulos no mundo todo — nos lares, nas igrejas e nas prisões, atrás de cortinas de ferro ou de bambu. Opera em países nos quais, durante séculos, existe resistência ao Evangelho. Move-se e opera em resposta aos apelos dos filhos de Deus onde quer que estejam. Sua obra é poderosa e continua operante na vida dos cristãos que têm buscado sua ajuda. Cristãos que criaram uma vida de oração constante e crescente, que se comunicam com o Espírito e comungam com ele são os que têm maior conhecimento de Jesus Cristo.

O Espírito Santo jamais pode ser subestimado. Ele está sempre no controle de situações que lhe foram comunicadas em oração. Numa fração de segundos, intervém para desviar desastres, revelar as decisões certas que devemos tomar, ajudar os cristãos que passam pelas mais críticas circunstâncias. Ele tem alertado os cristãos, mesmo quando separados por milhares de quilômetros, a orar ou a colocar-se à disposição dele quando necessário. Também tem pedido a outros que orem a favor de uma necessidade semanas antes que apareça. Os mais ocupados executivos do mundo pagariam qualquer preço para ter um companheiro de trabalho como o Espírito Santo.

Comecei meu ministério pastoral quando ainda aluno da faculdade de teologia das Assembleias de Deus, em Seul. Após o término da Guerra da Coreia, o desespero das pessoas era tão evidente que percebi que aqueles que desejassem dar assistência a elas necessitariam de capacidade sobrenatural para colocar-se acima dos problemas, da enfermidade e da pobreza.

Orava no sentido de adquirir mais experiência com o Espírito Santo, pois estudara e aprendera sobre ele. Pedia-lhe que viesse e me enchesse com seu poder, seu ministério, e me desse uma mensagem para o mundo enfermo e ferido. Eu sabia que sozinho nunca encontraria sermões que fossem eficientes para edificar e estimular os ouvintes, a menos que eu vivesse acima de meus problemas. Por isso, diariamente orava pedindo a plenitude do Espírito Santo. Outros estudantes também oravam pela obtenção do batismo no Espírito. Orávamos dias e dias, e quando os colegas recebiam essa experiência, podia-se notar que a vida deles assumia nova dimensão.

Eles ainda eram pobres, mas mesmo em sua pobreza sentiam-se cheios de alegria e paz, e tinham a inexplicável confiança de que Deus os ajudaria. Os problemas não lhes tiravam a paz. À medida que eu observava a mudança operada na vida deles, sabia que precisava continuar orando até que eu também recebesse a mesma experiência.

E então aconteceu. Certa noite, enquanto pedia ao Senhor que me enchesse com o seu Espírito, senti sua presença aproximar-se. Foi uma experiência maravilhosa. Eu adorava e louvava a Jesus em voz alta, dizendo em palavras bem audíveis, repetidas vezes, como era maravilhoso conhecê-lo e quanto eu o amava. Apesar de não ver ninguém, parecia-me que o Espírito Santo estava em pé, à minha frente, pronto para derramar uma bênção sobre mim.

Enquanto orava, senti um cálido ardor tocar-me o rosto, depois a língua, depois o corpo, e sem que o percebesse, comecei a falar palavras novas que me vinham à mente e à língua ao mesmo tempo. Quanto mais falava, mais sentia-me obrigado a proferir as palavras que me vinham com toda rapidez. Não sei quanto tempo permaneci naquela sala adorando ao Senhor, e isso também não importava. Meu coração transbordava de louvor e adoração a Jesus em uma nova língua. Estava inundado de alegria e consciente de um novo poder com Deus que antes eu não conhecera.

Essa foi minha experiência inicial, quando fui batizado com o Espírito Santo. Depois disso, sentia todos os dias que vivia na própria presença de Jesus. Era-me difícil explicar. Toda vez que orava, o Espírito vinha ajudar-me a orar, tomando minha linguagem coreana e substituindo-a por uma linguagem celestial que eu jamais aprendera. Sabia que meu espírito se tornara um com o Espírito Santo, e eu podia orar durante uma hora inteira ou mais com a maior facilidade.

Depois de minha formatura na faculdade de teologia, senti que deveria implantar uma igreja. O Espírito Santo mostrou-me onde e como começar, e reconheci sua ajuda nessas decisões. Adquiri do Exército uma tenda usada e armei-a numa região muito pobre, entre famílias necessitadas.

Nem tudo foi perfeito desde aquele dia até hoje, mas comecei a ver o quanto o Espírito Santo estava interessado em ajudar-me a desenvolver o ministério que ele próprio me dera. Não importa quão maravilhosa tenha sido nossa experiência com o Senhor, ainda estamos na carne.

Quando buscarmos conselho do Senhor, sempre o receberemos. Mas é fácil avaliar uma situação e pensar que podemos resolvê-la sozinhos, e que portanto não precisamos perturbar o Senhor em oração ou pedir ao Espírito Santo que nos ajude.

Sem compreender plenamente o que fazia, formulei meus próprios projetos para a nova igreja na tenda. Queria que o programa causasse boa impressão e que muitas pessoas viessem, contudo lutava na preparação de sermões. Como essa parte não ia lá muito bem, reuni todos os sermões proferidos por Billy Graham e por Oral Roberts que pude encontrar, e me pus a pregá-los. O problema é que em pouco tempo esgotei meu estoque de sermões e voltei ao ponto de partida. Às vezes, eu desanimava e queria desistir. A essa altura de meu inexperiente ministério, voltei a orar e a pedir ao Espírito Santo que me ajudasse.

Nem sempre é fácil deixar que o Espírito Santo dirija nossa vida. O "eu" se intromete no caminho até na preparação de um sermão; podemos escolher interessantes versículos das Escrituras e fazer um bom sermão, deixando o Espírito completamente fora do processo. Quantas vezes tive de confessar o pecado de tentar fazer tudo sozinho! Então, eu o convidava a participar outra vez e a ajudar-me. E toda vez ele me ajudava — até no preparo de sermões. Às vezes a mensagem era bem diferente daquela que eu preparara.

Ele me dava seus pensamentos e os versículos bíblicos que ele queria que eu transmitisse, porque de antemão sabia quem estaria presente àquelas reuniões e quais eram suas necessidades.

Voltava às Escrituras muitas vezes e lia que o Espírito Santo veio para morar conosco para sempre (João 14.16); para fazer-nos lembrar de todas as coisas que Jesus nos ensinou (João 14.26); para testificar de Jesus (João 15.26); para guiar-nos em toda a verdade (João 16.13); para anunciar-nos o que há de vir (João 16.13); e para glorificar a Jesus em tudo e mostrar essa glória aos cristãos (João 16.14).

Um dia, o Espírito Santo falou-me ao coração: "Se você quiser que sua igreja cresça, é preciso desenvolver comunhão e companheirismo maiores comigo. Não pregue a respeito do Espírito Santo apenas como uma experiência. Ele é uma pessoa formidável! Pregue a respeito dessa pessoa. Crie comunhão e companheirismo esperando em minha presença depois da oração. Quero conversar com você também".

Depois que me casei, houve uma época que minha esposa se sentia muito infeliz. Eu vivia ocupado com reuniões evangelísticas durante a semana e voltava para casa no sábado para descansar e preparar-me para pregar em minha igreja no domingo.

Trazia para casa uma mala de roupas sujas e me reabastecia com novo suprimento para outra semana. Toda vez que minha esposa tentava contar-me alguma coisa ou conversar comigo sobre as ocorrências da semana, eu sempre lhe pedia desculpas porque tinha de estudar, ou tinha de orar, ou tinha de fazer outra coisa qualquer. Não reservava tempo para sentar-me e conversar com ela como fazia quando éramos namorados. "Afinal de contas", dizia eu de forma insensível, "Deus me chamou para pregar, e estou muito ocupado preparando sermões. Você tem um bebê para fazer-lhe companhia e um lar para cuidar. Que mais você quer?".

Um dia minha sogra veio visitar-nos e disse que queria conversar comigo. Naquela época, sempre sentia medo quando ela dizia que queria conversar comigo, pois isso significava que eu não estava fazendo alguma coisa como devia.

— Você ama sua esposa?

— Claro que sim!

— Então você deve passar mais tempo com ela, como faz com seu ministério. Ela não é um objeto, é uma pessoa. Ela fica feliz quando você a valoriza e conversa com ela, porém sente-se rejeitada quando você não o faz.

Nesse dia, aprendi importante lição acerca de relacionamentos de amor. Comecei a demonstrar meu amor à minha esposa de muitas maneiras. Eu reservava tempo para conversar com ela acerca de nosso lar e de nosso filhinho. Fizemos um plano segundo o qual a segunda-feira seria um dia de folga para estarmos juntos, e ela se encarregaria de planejar nosso dia; o sorriso voltou-lhe à face. Durante o café da manhã, ela me apresentava seu plano.

Fomos ao parque em nossa primeira segunda-feira e almoçamos fora. Os planos desenvolviam-se como ela planejara e fazíamos coisas que ela gostava. Num instante, minha vida doméstica melhorou. Eu tinha, de novo, uma esposa alegre e satisfeita, e isso me deixava feliz quando partia para realizai mais reuniões de evangelização durante a semana.

Essa experiência ensinou-me tremenda lição. Mudou a minha compreensão do Espírito Santo: "Ele, também, é uma pessoa que necessita de companheirismo. Do contrário, ele se entristece". Em vez de orar e sair às pressas para a igreja, dedicava tempo para sentar-me em sua presença e deixar que ele falasse comigo. Uma vez que havia sido ele que me dera o ministério, e uma vez que ele desejava dirigir-me e guiar-me nos caminhos de realização desse ministério, eu aguardava ansioso os momentos de conversa com ele. Conversávamos como conversam dois amigos, como o marido conversa com a esposa — falando, ouvindo e lembrando.

Com o passar do tempo, compreendi melhor do que nunca o ministério do Espírito Santo. Ele é um amigo fiel que veio para fazer tudo quanto a Palavra declara que ele faria. Pedi-lhe que fosse meu companheiro em tudo quanto se relacionasse com a minha vida e com a obra de Deus.

A partir daí, todas as manhãs, quando acordo, digo: "Bom dia, Espírito Santo. Trabalhemos juntos hoje, e eu serei teu vaso". Todas as noites, antes de deitar-me, digo: "Foi um dia maravilhoso de trabalho contigo, Espírito Santo. Cobre minha família e a mim com tua divina proteção enquanto descansamos durante a noite". Na manhã seguinte, cumprimento-o de novo como uma pessoa e o convido a ir comigo durante o dia e assumir a direção em todos os negócios que devem ser tratados, e ele o faz.

Quando chega a hora de preparar sermões, ele está sempre presente. Quando estou aconselhando, ele dirige meu conselho a cada indivíduo. Quando tomo uma decisão — quais convites devo aceitar para pregar? — Ele me guia. Por quê? Porque ele observa as necessidades e situações de cada área do mundo e sabe qual a área que está preparada para receber a palavra. Ele preparou-me para pregar. Quando me encaminho para o púlpito, digo: "Vamos, Espírito Santo. Tu vais na frente!" Terminada a reunião, quando volto para casa (ou para o hotel, se estou pregando fora de minha cidade), digo-lhe: "Obrigado, grande companheiro. Tu fizeste uma grande obra no coração das pessoas hoje à noite. Continua operando. Incentiva os pastores por intermédio dos novos convertidos que te encontraram esta noite". Quando ele tem toda a liberdade no culto, sua presença faz a diferença.

Será que alguma vez você já esteve no topo de uma montanha e observou como tudo parecia pequeno lá embaixo? Depois de haver recebido a plenitude do Espírito Santo, você notará, quase imediatamente, que os problemas da vida e suas necessidades pessoais também parecem muito pequenos — porque você os está olhando por uma perspectiva diferente. Você os percebe como o próprio Espírito Santo os vê, pois ele está no controle.

À medida que você for lendo este livro, espero que encontre de modo pessoal o Espírito Santo nestas páginas. Ele quer ser seu companheiro de trabalho, quer desenvolver uma comunhão íntima com você, quer levá-lo a notar que ele faz toda a diferença em suas atividades, no relacionamento com sua família, em suas decisões — em todas as áreas de sua vida.

Semanas e meses passaram voando, e estou completando trinta anos de ministério. Tenho visto muitos milagres de cura, intervenções em diferentes situações nas igrejas, e respostas extraordinárias à oração. Deus tem levantado muitos líderes em nossa igreja que permaneceram firmes e hoje são missionários e pastores preeminentes. Se fizesse uma avaliação de meu crescimento desde a conversão, diria que me encontrar com o Espírito Santo, e aprender a conhecê-lo de maneira íntima, tem sido a mais importante experiência de minha vida.

Meu principal companheiro de trabalho e eu estamos cada vez mais ligados, e ainda mantemos comunhão todos os dias!

DAVID YONGGI CHO
Pastor da Yoido Full
Gospel Church
Seul, Coreia

Capítulo 1
Comunhão com o Espírito Santo — Por quê?

Paulo escreveu, em 2Coríntios 13.13, uma bênção aos cristãos de Corinto: "A graça do Senhor Jesus Cristo, e o amor de Deus, e a comunhão do Espírito Santo sejam com todos vós". Que sentimentos profundos essa bênção desperta dentro de mim. Acredito, porém, que isso não ocorre com todos. As inúmeras bênçãos que essas palavras podem conferir estão desaparecendo dos corações hoje. Um pouco mais adiante voltarei ao que está por trás dessa declaração, mas primeiro deixe-me descrever quais são essas bênçãos.

A graça de Jesus Cristo

O significado original da palavra grega *graça* era "o máximo em beleza". Os gregos desfrutavam a busca da beleza através da filosofia e dos esportes, da poesia e do drama, da escultura e da arquitetura. E, é claro, da beleza de sua terra — montanhas, rios e litoral — tudo que os cercava. Quando a beleza de algo produzia gozo em quem o via ou escutava, os gregos diziam que estava cheio de graça. Por fim, esse significado adquiriu sentido mais amplo a fim de incluir não só a beleza das coisas, mas também de obras, ações, pensamentos, eloquência e até mesmo a humanidade, tudo o que pudesse ser considerado cheio de graça.

O segundo significado de *graça* era "favor", boa vontade gerada do amor incondicional, transbordante, sem nenhuma expectativa de recompensa ou pagamento.

O terceiro significado de *graça* relacionava-se com uma obra digna de elogio, que exibia virtudes que excedem de longe o comum. Em sua bênção, o apóstolo Paulo deve ter sentido alegria indescritível, conhecendo o incondicional perdão de pecados e as muitas bênçãos da salvação — cheia de beleza ou graça.

O amor de Deus

De que modo deveríamos aceitar a seguinte bênção: "o amor de Deus [...] seja com todos vós"? Será que nos tornamos tão insensíveis a ponto de ouvir falar do amor de Deus sem nos comovermos ou sem que nosso coração se constranja? Quase todos os cristãos hoje podem citar João 3.16. Entretanto, apenas as letras permanecem, tendo caído no esquecimento a vida que nelas há.

Há diversos tipos de amor: o paterno, pelos filhos de nossa própria carne e sangue; o amor que anseia pelo sexo oposto; e o amor fraternal que nos dá alegria quando gozamos do companheirismo de amigos queridos. Mas o amor humano não pode, de maneira alguma, comparar-se com o amor de Deus. O amor paterno limita-se aos filhos. O amor entre os sexos limita-se ao casal. Até mesmo o amor entre amigos falhará se uma das partes nunca receber nada em retribuição pelo cuidado e interesse. O amor de Deus, porém, é diferente.

Na língua grega, amor *divino* refere-se a um tipo de amor que se sacrifica totalmente pelo objeto de seu amor, reconhecendo seu precioso valor. Por exemplo, o homem e a mulher traíram Deus e caíram em profundo pecado, resultando numa vida abominável, que, em última instância, levou à destruição eterna. A despeito dessa traição, Deus amorosamente sacrificou-se no Calvário para salvar a raça humana. Por quê? Porque cada alma tem um valor infinito para ele. Isto é amor divino!

Embora se encontre decaído pelo pecado, o ser humano possui a imagem de Deus e pode tornar-se criatura nobre se receber a graça da redenção.

Deus é amor, e seu amor é amor de verdade. Ele amou a tal ponto os pecadores deste mundo que não poupou nem mesmo o seu próprio Filho, mas sacrificou-o por nossos pecados. Não é acaso amor verdadeiro este que ele nos tem mostrado, apesar de termos caído tanto por causa do pecado? É provável que Paulo tenha sido movido até às lágrimas quando escreveu acerca do amor de Deus, e como nos tornamos tão frios!

Como pode nossa fé ser restaurada de sorte que possamos ser profundamente movidos pela graça de Jesus Cristo e pelo amor de Deus? Onde está o caminho da restauração? Por certo, existe um caminho para a plena restauração: Há uma resposta para o clamor de nosso espírito, e ela se encontra na comunhão com o Espírito Santo, que derrama toda graça e amor em nosso espírito mediante sua comunhão conosco.

A comunhão do Espírito Santo

Comunhão significa "comunicar-se com alguém, viajar juntos, transportar-se junto". O esplêndido desenvolvimento dos transportes tem feito do mundo moderno uma grande "aldeia global". Por meio de rápido e conveniente sistema de transporte, pessoas de todo o mundo compartilham o que é necessário para satisfazer suas necessidades culturais, políticas, econômicas, militares e científicas. Não é exagero dizer que podemos medir uma civilização pelo desenvolvimento de seu sistema de transporte.

Suponhamos que este global sistema de transporte fosse, de um momento para outro, levado a uma paralisação. O mundo inteiro se tornaria um verdadeiro inferno. Quase todo tipo de trabalho terminaria por paralisar-se. As cidades sofreriam fome e frio, quando o alimento e os estoques de combustível tivessem acabado. As áreas rurais e as fábricas se veriam inundadas de montanhas de produtos agrícolas e mercadorias em estado de decomposição, visto que os canais de comercialização estariam obstruídos. O transporte não é uma comodidade que se possa dispensar. Ele é necessário ao bem-estar humano.

De igual modo a comunhão do Espírito Santo é um viajar diário e constante no companheirismo dele — é essencial ao nosso bem-estar espiritual.

A medida de nossa fé está na proporção direta de nossa comunhão com o Espírito Santo. Mediante esta comunhão, recebemos bênçãos espirituais e lhe falamos de nossos sinceros desejos. Embora a graça de Jesus Cristo e o amor de Deus sejam imensuravelmente abundantes no céu, eles são inúteis para nós se não nos alcançarem. De modo semelhante, embora tenhamos o coração cheio de bons desejos, se o Consolador não nos ajudar a comungar com Deus pela oração, não podemos orar como convém.

A Bíblia é clara na confirmação deste fato. "Ora, o Senhor encaminhe os vossos corações ao amor de Deus e à constância de Cristo" (2Tessalonicenses 3.5). Neste versículo, "o Senhor" refere-se à Terceira Pessoa da Trindade, visto ser ela quem nos conduz ao amor de Deus e à constância de Cristo, ou seja, a esperar com paciência por Cristo. Por mais que sejam abundantes a graça de Jesus Cristo e o amor de Deus, se o Espírito Santo não encaminhar nosso coração a tal graça e amor, nossa fé será expressa por palavras vazias. Se o Consolador não nos ajudar a comungar com Deus, nossa oração será como a dos fariseus, carente de vida por completo.

A Bíblia ensina com clareza que o Espírito nos assiste em nossa oração: "Da mesma maneira também o Espírito ajuda as nossa fraquezas. Não sabemos o que havemos de pedir como convém, mas o mesmo Espírito intercede por nós com gemidos inexprimíveis" (Romanos 8.26). O versículo 20 da carta de Judas também ressalta o lugar do Espírito em nossa vida de oração: "Mas vós, amados, edificando-vos sobre a vossa santíssima fé, orando no Espírito Santo".

A palavra *comunhão*, usada por Paulo em sua bênção aos corintos, "a comunhão do Espírito Santo seja com todos vós", tem implicações profundas. A palavra grega tem dois significados importantes.

Companheirismo

O primeiro significado refere-se ao companheirismo na base de íntima amizade. Sem companheirismo com o Espírito Santo não pode haver vida espiritual, não há fé com poder e vitória.

A igreja primitiva era abundante em oração fervorosa, em paixão transbordante, em rica vitalidade e ação de graças, jorrava como uma fonte o resultado de seu companheirismo com o Consolador. Por que os cristãos atuais aceitam meras formalidades exteriores de religião, cerimônias de adoração áridas, ou veem a igreja como um lugar de encontros sociais? Este vazio tem deixado os jovens cansados do cristianismo e de sua forma de piedade. Eles se desiludiram — porque a igreja perdeu sua vida espiritual.

John A. Mackay, ex-deão da faculdade teológica da Universidade de Princeton e do Seminário Teológico da Aliança Presbiteriana, disse numa reunião presbiteriana: "É melhor que nos aproximemos da religião com sentimentos naturais do que irmos a ela com formas estéticas e metódicas carentes de poder dinâmico. Um dos mais importantes problemas que a igreja enfrenta hoje é que ela considera correto expressar os sentimentos em todos os campos, exceto na religião. A igreja presente necessita prover algo que inflame todas as paixões humanas. A partir do momento em que a igreja esteja programada e despersonalizada por completo, ela se torna meramente um memorial fúnebre de Deus em vez da instituição viva do poder de Deus".

Qual a solução do problema que ele destaca? Fervoroso companheirismo com o Espírito Santo vivo. Sem ele, a igreja esfria--se dia após dia; a adoração passa a ser mecânica. A fé perde a paixão ardente que dá profundidade a nossa personalidade toda. Esse tipo de fé é como um fogão sem fogo.

Sabendo disso, a primeira pergunta que o apóstolo Paulo fez a alguns efésios que pareciam cansados e abatidos foi: "Recebestes vós o Espírito Santo quando crestes?" (Atos 19.2). Quando Jesus viu que seus discípulos estavam tristes e desesperados, ele prometeu que o Espírito viria e permaneceria em seus espíritos: "Eu rogarei ao Pai, e ele vos dará outro Consolador, para que esteja convosco para sempre. [...] Não vos deixarei órfãos; virei para vós" (João 14.16,18).

Podemos ter esse consolo; mas com maior frequência do que acreditamos, os cristãos hoje nem mesmo têm ouvido falar do Espírito Santo.

Como podemos desfrutar o companheirismo do Espírito Santo? Primeiro, reconhecendo que ele está presente em sua igreja e o recebendo de bom grado, desejando sinceramente sua orientação e dependendo dele a cada instante. O amor de Deus e a graça de Jesus só podem alcançar nosso espírito mediante esse companheirismo com o Espírito Santo.

Parceria na evangelização

O segundo significado da palavra *comunhão* é "trabalhar em parceria" (Lucas 5.10), e "conformar-se com" (veja Filipenses 3.10) — trabalhar juntos como parceiros no mesmo propósito e compartilhar alegria, tristeza, vitória e provações.

O Espírito Santo foi enviado à terra com a finalidade de trabalhar em parceria com os cristãos, para vivificar espíritos mortos dando testemunho da graça de Jesus Cristo. Antes de deixar este mundo, Jesus disse aos seus discípulos: "Quando vier o Consolador, que eu da parte do Pai vos enviarei, o Espírito da verdade, que procede do Pai, ele testificará de mim. E vós também testificareis, pois estais comigo desde o princípio" (João 15.26-27).

Podemos entender, daí, que a grande missão de pregar o evangelho foi dada primeiro ao Espírito Santo e depois aos santos que creram no Senhor. Mas Jesus enfatiza aqui que a obra de evangelização deveria ser levada a cabo como uma ação conjunta entre o Espírito Santo e a humanidade — com o Espírito Santo participando nesse trabalho como principal obreiro. Podemos concluir que o motivo todo de a evangelização hoje progredir tão pouco é porque a igreja regrediu na obra de ganhar almas, e por que ela tem estado à beira da falência, pois o companheirismo com o Espírito Santo foi rompido. Nos dias atuais, as pessoas não reconhecem o Espírito Santo nem o recebem de bom grado. Uma vez que não dependem dele, terminam em fracasso, tentando com esforço próprio realizar a obra de Deus.

Este trágico fracasso foi ressaltado claramente no livro do Apocalipse: "Eis que estou à porta, e bato. Se alguém ouvir a minha voz, e abrir a porta, entrarei em sua casa, e com ele cearei, e ele comigo" (Apocalipse 3.20).

Se essas palavras tivessem sido endereçadas ao mundo incrédulo, não causariam surpresa. Mas foram ditas à igreja de Laodiceia, aos cristãos no tempo do fim do mundo. Que horrível revelação!

Pense nisso. Nosso Senhor disse que estaria conosco sempre mediante o Espírito Santo, entretanto a igreja tenta fazer a obra de Deus mediante adoração centrada no homem, afastando o Espírito Santo e deixando-o do lado de fora!

Não era assim na igreja primitiva. Os santos do primeiro século reconheciam que a evangelização devia ser feita do princípio ao fim acompanhados com o Espírito Santo. Quando os apóstolos pregadores foram levados perante o conselho judaico em Jerusalém a fim de serem examinados, Pedro respondeu nestes termos às perguntas do conselho: "O Deus de nossos pais ressuscitou a Jesus, a quem vós matastes, suspendendo-o no madeiro. Deus, com a sua destra, o elevou a Príncipe e Salvador, para dar a Israel o arrependimento e a remissão dos pecados. Nós somos testemunhas destas palavras, nós e também o Espírito Santo, que Deus deu àqueles que lhe obedecem" (Atos 5.30-32). Pedro confirmou ali que a obra de evangelização dos apóstolos era executada em parceria com o Espírito Santo. Jesus não começou a pregar o reino do céu senão depois de haver recebido a plenitude do Espírito Santo. Só então ele levou a cabo seu ministério em três anos e meio com grande poder e autoridade. Reconhecida esta verdade, como ousamos pensar que podemos realizar a obra de Deus tão — somente com poder e sabedoria humanos?

Um jovem chamado Archibald Brown entrou para uma escola de preparação de pastores estabelecida pelo pregador C. H. Spurgeon, de renome mundial. Depois que Brown recebeu diploma dessa escola, ele se tornou um pastor bem-sucedido em Londres e milhares de pessoas se apinhavam para ouvi-lo. Muitos admiravam a tremenda unção do jovem pastor e se perguntavam de onde vinha, seu grande poder. Depois de sua morte, o segredo foi descoberto na velha e manuseada Bíblia que ele usava. Em Atos 15.28, ele havia registrado uma nota ao pé da página: "Oh, quão importante é um trabalho no qual nosso companheiro principal é o Espírito Santo! Sem sua parceria, nenhuma vida de fé ou obra evangélica tem valor".

A bênção e o sucesso em nossa vida de fé e de pregação do evangelho também estão em proporção direta à profundidade do companheirismo com o Espírito Santo.

Depois de ressurreto e antes de sua ascensão, Jesus reuniu seus discípulos junto a si e ordenou-lhes que pregassem o evangelho ao mundo inteiro: "Portanto, ide e fazei discípulos de todos os povos, batizando-os em nome do Pai e do Filho e do Espírito Santo, ensinando-os a guardar todas as coisas que eu vos tenho mandado. E certamente estou convosco todos os dias, até à consumação do século" (Mateus 28.19,20).

Mas depois de lhes haver dito isto, o Senhor não mandou que começassem a pregar o evangelho de imediato. Disse-lhes que a pregação do evangelho não poderia ser feita sem a companhia do Espírito Santo: "Envio sobre vós a promessa de meu Pai; mas ficai na cidade, até que do alto sejais revestidos de poder" (Lucas 24.49). "Pois João batizou com água, mas vós sereis batizados com o Espírito Santo, não muito depois destes dias [...]. Mas recebereis poder, ao descer sobre vós o Espírito Santo, e sereis minhas testemunhas" (Atos 1.5-8).

A maravilhosa vitória do evangelho na igreja primitiva ocorreu porque os discípulos obedeceram a ordem de Jesus, de modo incondicional. Eles ficaram em Jerusalém até que foram cheios do Espírito Santo, e então pregaram.

C. Campbell Morgan, teólogo inglês e pastor abençoado, escreveu este comentário de Atos 5.30-32: O testemunho do Espírito Santo é o único poder definitivo com o qual a igreja pode contar. Dentre outros fatores, este é o mais poderoso. Se não pudermos cooperar bem com o Espírito Santo, não poderemos exercer a influência do evangelho nem em Jerusalém, nem em Londres. Se os que pregam o evangelho não são dotados com este poder invisível, e se a igreja não refletir ao mundo esta luz eterna e misteriosa que ela recebeu, ambos serão sempre deficientes, inúteis e tão frios quanto a morte, embora seu aspecto exterior pareça imaculadamente perfeito e excelente. Se quisermos encher Londres com o Espírito Santo, deveremos por todos os meios realizar nosso trabalho em companhia do Espírito Santo. Se fizermos apenas isto, a igreja marchará para sucessivas vitórias com Deus através da alegria ou da provação.

O livro de Atos diz clara e repetidamente que o evangelho era pregado tendo a companhia do Espírito Santo.

Em Atos 8 encontramos o diácono Filipe, que desceu a Samaria e conduziu reuniões de avivamento nas quais uma grande multidão arrependeu-se e foi salva. Inúmeras pessoas foram curadas. Grandes milagres e maravilhas foram realizados e era abundante a alegria. No meio deste grande reavivamento, um anjo apareceu de repente a Filipe e lhe disse que fosse para o sul, em direção a Gaza.

Quão diferente é a vontade de Deus da vontade do homem! Poderia parecer-nos que o Diabo havia tentado a Filipe com uma revelação errada. Por que deveria ele deixar aquelas reuniões vitoriosas e ir para um deserto? Porque Filipe trabalhava de parceria com o Espírito Santo. Ele tinha certeza de que essa ordem era de fato dada pelo próprio Consolador. Obediente, ele deixou as reuniões em Samaria e foi para o deserto pela fé, não sabendo bem para onde ia. Mas o Espírito havia planejado o alcance de todo o continente africano pelo alcance de um etíope a quem Filipe encontraria!

Eis como a Bíblia descreve a cena: "Levantou-se (Filipe); é foi. No caminho viu um etíope, eunuco e alto funcionário de Cardace, rainha dos etíopes, o qual era superintendente de todos os seus tesouros, e tinha ido a Jerusalém para adorar. Regressava e, assentado no seu carro, lia o profeta Isaías" (Atos 8.27-28).

O Espírito Santo enviou Filipe ao deserto a fim de pregar o evangelho da salvação a uma alma preparada. E como este etíope foi salvo, Filipe ceifou uma colheita muito maior do que teria ceifado se tivesse permanecido em Samaria dirigindo reuniões de evangelização. Não deveríamos negligenciar nem desprezar o que parecem ser pequenas ordens do Espírito Santo; não temos a mínima ideia de o que ele pode estar planejando.

A palavra do Espírito Santo a Filipe foi até mais específica: "Disse o Espírito a Filipe: Chega-te, e ajunta-te a esse carro" (Atos 8.29).

Guiado dessa maneira, Filipe aproximou-se do carro no momento e no lugar exatos quando o eunuco etíope lia o capítulo 53 de Isaías, a profecia do sofrimento de Cristo para nossa expiação. Que orientação maravilhosa e horário apropriado! Depois de ouvir a explicação, o etíope recebeu Jesus como Salvador. Havendo eles chegado a um lugar onde havia água, foi batizado.

O que ocorreu depois disso mostra quão poderoso pode ser o companheirismo com o Espírito Santo na obra da pregação do evangelho: "Quando saíram da água, o Espírito do Senhor arrebatou a Filipe, e não viu mais o eunuco, mas, jubiloso, continuou o seu caminho" (Atos 8.39).

O Espírito do Senhor "arrebatou a Filipe". Isto é que é verdadeiro companheirismo!

Alguns poderiam explicar nossa falta de poder sem a desculpa de que o Espírito Santo já não opera desse modo em nossos dias. Mas Jesus disse: "Ele (o Pai) vos dará outro Consolador, *para que esteja convosco para sempre*" (João 14.16). O Espírito é o mesmo para sempre e ele está conosco neste momento. Se ele não pode realizar o trabalho é porque os cristãos hoje o traem e negam, e além de não dependerem dele, ainda não lhe prestam atenção. Negligenciar o Espírito Santo é que faz o poderoso evangelho tornar-se notícia ultrapassada, como antiguidade num museu. No capítulo 10 de Atos, encontramos outra cena de trabalho em conjunto. Pedro, de parceria com o Espírito Santo, é enviado para pregar a um centurião gentio, chamado Cornélio, e a toda a sua casa:

> "No dia seguinte, indo eles em seu caminho, e estando já perto da cidade, subiu Pedro ao terraço para orar, quase à hora sexta. Tendo fome, quis comer e, enquanto preparavam a comida, sobreveio-lhe um arrebatamento de sentidos.
> Ele viu o céu aberto e um vaso que descia, como um grande lençol atado pelas quatro pontas, e vindo para a terra.
> No lençol havia de todos os animais quadrúpedes e répteis da terra, e aves do céu. Foi-lhe dirigida uma voz: Levanta-te, Pedro, mata e come. Mas Pedro disse: De modo nenhum, Senhor! Nunca comi coisa alguma comum e imunda. Segunda vez lhe

disse a voz: Não faças tu comum ao que Deus purificou. Isto aconteceu três vezes. Então o vaso tornou a recolher-se no céu. Estando Pedro meditando acerca do que seria aquela visão que tivera, os homens enviados por Cornélio pararam à porta, perguntando pela casa de Simão. Chamando, perguntaram se Simão, que tinha por sobrenome Pedro, morava ali. Pensando Pedro naquela visão, disse-lhe o Espírito: Simão, três homens te procuram. Levanta-te, desce, e vai com eles, não duvidando, pois eu os enviei" (Atos 10.9-20).

Aqui, uma vez mais, podemos entender que o Espírito opera para o livramento de almas; Cornélio, centurião do exército romano em Cesareia, era homem devoto, mas ainda não tinha recebido a salvação. O Espírito Santo de Deus, pela mensagem de um anjo, instruiu a Cornélio que mandasse chamar a Pedro como o vaso para pregar o evangelho (veja vv. 1-8). Pedro, criado como judeu ortodoxo, detestava amizade ou até mesmo uma simples conversa com gentios, que eram "imundos" de acordo com a lei judaica. Mas a fim de alargar o campo do ministério de Pedro, o Espírito Santo fê-lo ter uma estranha visão — três vezes — e então ordenou a Pedro que não duvidasse, mas fosse à casa do gentio Cornélio. Que ministério maravilhoso do Espírito Santo!

Ele havia preparado ambas as partes — o mensageiro e o que recebia a mensagem. Escapa à nossa compreensão o quanto é necessário, desesperadamente necessário, este mesmo ministério do Espírito Santo hoje. Enviar um vaso preparado para um espírito preparado. Deus é o único que conhece o horário certo. Enquanto pregava o evangelho na casa de Cornélio, Pedro disse:

"Ele nos mandou pregar ao povo, e testificar que ele é o que por Deus foi constituído juiz dos vivos e dos mortos. Dele dão testemunho todos os profetas, de que todos os que nele creem receberão o perdão dos pecados pelo seu nome. Dizendo Pedro ainda estas palavras, caiu o Espírito Santo sobre todos os que o ouviam. Os fiéis que eram da circuncisão, que tinham vindo com Pedro, maravilharam-se de que o dom do Espírito Santo se derramasse também sobre os gentios. Pois os ouviam falar em línguas, e engrandecer a Deus" (Atos 10.42-46).

Obra tão maravilhosa quanto essa, só poderia ocorrer com a parceria do Espírito Santo.

Mais adiante, em Atos, Lucas descreve a cena na qual uma congregação toda cooperava com o Espírito Santo. "Na igreja de Antioquia havia alguns profetas e mestres [...]. Servindo eles ao Senhor, e jejuando, *disse o Espírito Santo*: Apartai-me a Barnabé e a Saulo para a obra a que os tenho chamado. Então, depois de *jejuarem* e orarem, puseram sobre eles as mãos, e os despediram" (Atos 13.14).

Esse relato nos ensina diversas lições importantes acerca da relação entre a obra de evangelização e o Espírito Santo. Na pregação do evangelho, o Espírito Santo é onipotente, soberano. Aqui ele mostra que ocupa a posição de preeminência na igreja, empregando o pronome *eu* (subentendido no texto), o que significa que a obra do evangelho é a obra que ele exige. Aqui ele também acentua que o embaixador extraordinário e plenipotenciário não é uma denominação, nem pessoa humana alguma, mas ele próprio — o Espírito Santo.

Esta passagem também ensina de maneira clara que os que trabalhavam no evangelho só deveriam realizar sua missão mediante a companhia do Espírito Santo. Sem esperar pela orientação dele, à semelhança da igreja de Antioquia que servia ao Senhor e orava no espírito, como poderia alguém ouvir-lhe a pequena e mansa voz?

É triste, mas verdadeiro, que a igreja moderna está cheia de planos e programas de interesse humano: a adoração é planejada e apresentada para agradar ao homem numa associação puramente comunitária. Há pouco interesse em escutar o Espírito Santo. Como resultado, a igreja, que deveria estar cuidando da obra do reino do céu, está devastada. Ela está à beirada falência e tornou-se objeto de escárnio e reprovação.

Em cada cidade, vila e comunidade há templos, mas o espírito dos adoradores tornou-se vazio e nulo. Temos descartado o mandamento do Senhor que nos diz para sermos a luz do mundo. Temos tapado os ouvidos ao chamado do Espírito Santo. A igreja, como um rebanho de ovelhas perdidas, perambula de um lado para o outro, e cai presa do Diabo que anda ao derredor buscando a quem possa devorar. A heresia e os falsos ensinos florescem. Nesse rodamoinho, quando e como as reuniões de oração de Antioquia poderiam ser restauradas em nosso meio?

Em Antioquia, eles não serviam unânimes ao Senhor enquanto aguardavam as ordens divinas? Não jejuavam e oravam sinceramente a fim de estar aptos para a obra, na qual o Consolador era companheiro inseparável?

Para evangelizar em nossa época, deveríamos uma vez mais buscar a mente do Espírito que nos dá poder, sabedoria e orientação sobrenaturais. Deveríamos arrepender-nos e abrir os ouvidos ao seu chamado.

O relato dos acontecimentos em Antioquia continua, afirmando que Barnabé e Paulo foram separados pelo Espírito Santo para realizar a sua obra, "enviados pelo Espírito Santo, desceram [...]" (Atos 13.4).

Essa despedida nos obriga a pensar. Eles partiram, enviados não por qualquer denominação, nem por qualquer instituição missionária, mas pelo Espírito Santo! Eles não tinham fundos missionários, nem promessa alguma de sustento regular. Nada se diz acerca de dinheiro, somente que foram enviados pelo Espírito Santo, Senhor do céu e da terra. Com um apoio assim, nada tinham a temer. E claro, isso não quer dizer que não necessitamos de denominações, dinheiro, ou sociedade missionária. Quer dizer apenas que não foram enviados por um grupo de pessoas ou por uma instituição.

O grande teólogo

De coração desejo que todas as igrejas e instituições engajadas na evangelização do mundo hoje sejam cheias do Espírito Santo — em vez de estarem cheias apenas de pessoas — de sorte que possamos experimentar a vitória divina que pode ser obtida mediante o evangelho puro. Só isso — não a pregação humanista, secularizada, derrotista — liberará a vitória da mensagem do evangelho para o mundo.

Por trás dos bastidores, estabelecendo base segura para a obra da evangelização, o Espírito Santo era também o companheiro da igreja primitiva para solucionar questões teológicas. Como um invisível diretor de cena, ele tinha a autoridade final para supervisionar, ensinar e dirigir.

Em Atos 15, alguns cristãos gentios estavam muito confusos em virtude do falso ensino de certos cristãos judaicos: "Então alguns que tinham descido da judeia ensinavam os irmãos: Se não vos circuncidardes, conforme o rito de Moisés, não podeis ser salvos. Tendo tido Paulo e Barnabé não pequena discussão e contenda com eles, resolveu-se que Paulo, Barnabé e alguns dentre eles subissem a Jerusalém, aos apóstolos e aos anciãos, por causa dessa questão" (vv. 1,2).

Como resultado, os apóstolos e os anciãos realizaram um concílio em Jerusalém para considerar esta matéria. A. discussão do concílio e o veredicto acham-se descritos mais adiante em Atos 15. A leitura deste capítulo leva-me a crer que esses líderes conheciam profundamente o Espírito Santo, dependiam dele e oravam com uma fé inabalável de que ele conduziria as discussões a fim de que se chegasse à conclusão adequada. A conclusão a que chegaram foi escrita em uma carta aos gentios da Antioquia, Síria e Cilícia:

> "Ouvindo que alguns que saíram dentre nós, aos quais nada mandamos, vos perturbaram, com palavras, e confundiram as vossas almas, pareceu-nos bem, tendo chegado a um acordo, escolher alguns homens, e enviá-los com os nossos amados Barnabé e Paulo. Homens que já expuseram as suas vidas pelo nome de nosso Senhor Jesus Cristo [...]. Pareceu bem *ao Espírito Santo e a nós*, não vos impor mais encargo algum, senão estas coisas necessárias" (vv. 23-28).

Considerando que o Espírito Santo foi claramente mencionado em primeiro lugar — "pareceu bem ao Espírito Santo e a nós", em vez de "a nós e ao Espírito Santo" — deveriam, os que interpretam a Bíblia na base de fé humanística, ficar envergonhados consigo mesmos. Eles reconhecem, de fato, o Espírito Santo nas conferências religiosas de hoje em dia? Muitas vezes ouvimos expressões como "o superintendente Fulano de Tal e a comissão decidiram...". É muito raro ouvirmos expresso o sentimento usado na carta enviada pelos apóstolos de Jerusalém: "Com a ajuda do Espírito Santo decidimos...". É claro, não vamos lutar para que *cada* declaração venha seguida da expressão "pela ajuda do Espírito Santo", mas é deplorável que nunca se ouçam frases assim.

Dependendo da ajuda dele

Em tudo quanto fazemos, deveríamos reconhecê-lo, adorá-lo e dar-lhe graças, dependendo dele continuamente. E além disso, por certo, lembrar-nos de que o Espírito Santo, enviado pelo céu para ser nosso companheiro na evangelização e no ensino, espera ser *convidado* para associar-se conosco.

A Bíblia mostra-nos que a ignorância não é a única coisa que nos impede de ter parceria com o Espírito Santo. A falta de humildade para esperar nele é, também, outro fator.

Lemos em Atos 16.6-10 que Paulo trabalhava de parceria com o Espírito Santo. É certo que Paulo foi o apóstolo dos apóstolos, a quem Deus usou poderosamente. Mas devemos reconhecer, de igual modo, que até um apóstolo, tão sensível ao Espírito Santo como Paulo, era capaz de cometer atos afoitos devido ao seu grande zelo na pregação do evangelho. Foi isto que aconteceu: "Passando (Paulo e Silas) pela Frigia e pela província da Galácia, *foram impedidos pelo Espírito Santo* de anunciar a palavra na Ásia. Quando chegaram a Mísia, tentavam ir para a Bitínia, mas o Espírito de Jesus não lho permitiu" (vv. 6-7).

Quando lemos esta passagem, parece-nos que estamos vendo Jacó lutando com o anjo de Deus. As expressões "foram impedidos pelo Espírito Santo" e "o Espírito de Jesus não lho permitiu" têm um sentido combativo. Paulo tentava avançar para pregar, e o Espírito Santo puxava-o para trás. Cenas assim tão vividas na Bíblia mostram-nos que o Espírito Santo dirigia os passos de Paulo. É impossível captar plenamente a tremenda lição que esta passagem ensina.

Esta cena maravilhosa revela, com clareza, que o Espírito Santo quer tomar parte na obra do evangelho como companheiro, e que o iniciador da obra não é nenhum ser humano, mas o Espírito Santo. Quando eles não se deixam conduzir com facilidade, o Espírito Santo usa até mesmo a força para fazer que seus santos obedeçam ao plano de Deus para a realização de sua obra. Ele nos manda evangelizar, nos envia à colheita, mas ele deve ser o participante principal.

O próprio Paulo, que possuía caráter quase imaculado e perfeito, enfrentava dificuldade em *ser guiado pelo Espírito Santo* devido à sua paixão ardente e vontade indomável. Talvez o objetivo de Deus, permitindo que Paulo tivesse um "espinho na carne" (2Coríntios 12.7), fosse para que Paulo sentisse sua fraqueza e dependesse inteiramente do Senhor.

Deduzimos daí que devemos sempre buscar primeiro a orientação do Espírito Santo, e sermos obedientes e quebrantados a fim de podermos ser conduzidos por ele, como ovelhas por um pastor. Só então poderá o evangelho ser pregado em parceria com o Espírito. Se tentarmos fazer o trabalho sem ele, entristeceremos o coração de Deus, pois tal companheirismo é indispensável à igreja.

Capítulo 2
Quem é o Espírito Santo?

Quem é este maravilhoso Espírito Santo de graça?

Se queremos ter intimidade com ele e sua cooperação, devemos conhecê-lo bem. Embora as metáforas impessoais aplicadas ao Espírito Santo — fogo, vento, água, óleo, pomba e assim por diante — tenham base bíblica, elas têm sido tão amplamente usadas que algumas pessoas não sabem quem, na verdade, ele é. Vejamos a verdade fundamental.

O Espírito Santo é Deus

Como Deus Pai e Deus Filho, o Espírito Santo é membro da Divindade. Historicamente os arianos, sabelianos e socinianos consideravam o Espírito Santo como uma força que vem do Deus eterno, mas esses grupos sempre foram considerados heréticos pela igreja ortodoxa.

A própria Bíblia chama Deus ao Espírito Santo. Entre as coisas que Jesus ordenou que seus discípulos fizessem, pouco antes de sua ascensão, estava: "Portanto, ide e fazei discípulos de todos os povos, batizando-os em nome do Pai e do Filho e do Espírito Santo" (Mateus 28.19). Aqui Jesus colocou de modo claro o Espírito Santo na mesma posição do Pai e do Filho. Diz que o Espírito tinha a mesma autoridade, poder e glória que eles.

Isso se verifica por toda a Bíblia. No livro de Atos, um homem chamado Ananias, juntamente com a esposa Safira, venderam uma propriedade e trouxeram parte do resultado da venda aos apóstolos, fingindo ser o valor total. Mas o apóstolo Pedro, cheio do Espírito Santo, repreendeu a Ananias: "Por que encheu Satanás o teu coração, para que mentisses ao Espírito Santo, retendo parte do preço da propriedade? [...] Não mentiste aos homens, mas a Deus" (Atos 5.3-4).

Aqui Pedro deu testemunho de que o Espírito Santo é Deus, ao dizer que Ananias mentira a Deus e ao Espírito Santo, usando as palavras de maneira intercambiável.

Alguns versículos do Antigo Testamento, nos quais o Senhor é quem fala, são mencionados no Novo Testamento como sendo escritos pelo Espírito Santo. Por exemplo, Isaías 6.9, diz: "Então disse ele [o Senhor]: Vai, e dize a este povo: Ouvis, de fato, e não entendeis, e vedes, em verdade, mas não percebeis". Quando Paulo citou este versículo no Novo Testamento, ele o creditou ao Espírito Santo: "Bem falou o Espírito Santo a nossos pais pelo profeta Isaías: Vai a este povo, e dize: Ouvindo, ouvireis, e de maneira nenhuma entendereis; vendo, vereis, e de maneira nenhuma percebereis" (Atos 28.25,26).

Em passagens das Escrituras, como essas, entendo de modo claro que o Espírito Santo é deveras um membro da santa Trindade. A Palavra do Senhor Deus no Antigo Testamento é a mesma palavra do Espírito Santo no Novo Testamento (veja também Jeremias 31.33 e Hebreus 10.15,16).

Podemos ver, além disso, que o Espírito Santo é Deus porque efetua o trabalho que ninguém pode fazer, exceto Deus. Criou o céu e a terra pela vontade de Deus (Gênesis 1.2; Jó 26.13); ele ressuscitou os mortos (Romanos 1.4; 6.11); levou as pessoas a nascerem de novo (João 3.5-7); reprovou o mundo do pecado, da justiça e do juízo (João 16.8); e expeliu demônios (Mateus 12.28).

Além dessas provas, o Espírito Santo tem todos os atributos de Deus. Só Deus é eterno, onisciente, onipotente e onipresente — e o Santo Espírito tem todas estas características.

Lemos em Hebreus 9.14 que o Espírito Santo é eterno: "Quanto mais o sangue de Cristo, que pelo Espírito eterno se ofereceu a si mesmo imaculado a Deus, purificará a nossa consciência das obras mortas, para servirmos ao Deus vivo?".

O Espírito Santo é onisciente: "Mas Deus no-las revelou pelo seu Espírito. O Espírito penetra todas as coisas, até mesmo as profundezas de Deus" (1Coríntios 2.10). O Espírito Santo conhece todas as coisas, até as coisas profundas de Deus.

O Espírito Santo é onipotente: "Respondeu-lhe o anjo (à Maria): Descerá sobre ti o Espírito Santo, e o poder do Altíssimo te cobrirá com a sua sombra" (Lucas 1.35). É evidente que o Espírito Santo é o poder do Altíssimo, e para Deus nada é impossível.

Por último, o Espírito Santo é onipresente. O Salmo 139 expressa bem essa onipresença. Falando ao Senhor, diz Davi: "Para onde me frei do teu Espírito? Para onde fugirei da tua face? Se subir ao céu, tu aí estás; se fizer nas profundezas a minha cama, tu ali também estás" (vv. 7-8).

Como pode o Espírito Santo não ser Deus — sendo eterno, onisciente, onipotente e onipresente? Ele é também sublime, santo e glorioso como o Pai e o Filho.

O Espírito Santo tem personalidade

Assim que tomamos conhecimento de que o Espírito Santo é uma pessoa — uma entidade que tem personalidade, assim como o Pai e o Filho — nossa posição e atitude com respeito a ele muda por completo. Há muitas maneiras pelas quais a natureza personificada do Espírito influencia nosso relacionamento com ele. No livro *A Pessoa e a Obra do Espírito Santo*, o evangelista e grande teólogo R. A. Torrey chama a atenção para a importância da personalidade do Espírito Santo. Ele enfatiza que apenas um ser com personalidade pode entender nossos problemas e prestar-nos ajuda.

Não podemos dialogar com pedras, árvores ou qualquer força impessoal. Mas sendo pessoa divina, o Espírito Santo entende profundamente nossos problemas e nos ajuda a resolvê-los. Esses fatores nos levam a procurá-lo quando precisamos de ajuda.

O hinário coreano inclui muitos hinos que suplicam ajuda ao Santo Espírito. A primeira linha de um deles diz assim: "Espírito do Deus vivo, vem sobre mim".

Que fervente oração e cântico de súplica ao Espírito Santo! Além desse, há hinos cujos títulos são: "Espírito Santo, o Eterno", "Espírito de Graça", "Vem, Espírito de Graça", "Santo Espírito com Luz Divina", "Espírito Santo, o Fiel Guarda", todos hinos de oração ao Espírito Santo. Se ele não fosse uma pessoa, como poderia conhecer nossas particularidades, nossas situações e nos ajudar? Esses hinos se tornariam sem efeito.

Evidências bíblicas

Você poderia perguntar como podemos afirmar que o Espírito Santo é uma pessoa. A Bíblia nos dá essa certeza.

Muita gente não faz distinção entre ser uma pessoa e possuir um corpo. Quando dizemos que alguma entidade é pessoa, alguns de forma errada interpretam que esta entidade deva ter, necessariamente, uma forma corpórea. Mas Jesus não tinha forma corpórea como a nossa, depois de ressurreto. Como o apóstolo Paulo disse, "Ainda que tenhamos conhecido a Cristo segundo a carne, contudo agora já não o conhecemos deste modo." (2Coríntios 5.16), pois Jesus agora tem um corpo espiritual (1Coríntios 15.4). Será que isso quer dizer que Jesus perdeu sua personalidade? Claro que não.

Não conheço cristãos que neguem que o Pai seja uma pessoa viva — muito embora ninguém tenha visto a Deus, pois Deus é Espírito (João 4.4). Uma entidade é uma pessoa, tendo corpo ou não, se tiver atributos de pessoa. Como o Espírito Santo tem todos os atributos de uma pessoa apesar de não ser visível, ele é uma pessoa. Vejamos as provas bíblicas do que acabamos de afirmar.

O Espírito Santo é uma pessoa porque a Bíblia usa de maneira contínua pronomes pessoais quando se refere a ele. "O Espírito da verdade, que procede do Pai, ele testificará de mim" (João 15.26). "Todavia digo-vos a verdade: Convém que eu vá, porque se eu não for, o Consolador não virá para vós; mas, se eu for, eu o enviarei. Quando ele vier, convencerá o mundo do pecado, da justiça e do juízo" (João 16.7-8). "Mas, quando vier o Espírito da verdade, ele vos guiará em toda a verdade" (João 16.13).

Muitos atos que só podem ser atribuídos a uma pessoa são atribuídos ao Espírito Santo. Segue aqui uma pequena lista destes atos que só podem ser praticados por pessoas:

1. O Espírito Santo *fala*. "Quem tem ouvidos, ouça o que o Espírito diz às igrejas" (Apocalipse 2.7).

2. O Espírito Santo *ajuda-nos em nossas fraquezas*: "Da mesma maneira também o Espírito ajuda as nossas fraquezas" (Romanos 8.26).

3. O Espírito Santo *ora* por nós: "mas o mesmo Espírito intercede por nós" (Romanos 8.26).

4. O Espírito Santo *nos ensina*: "Mas o Consolador, o Espírito Santo, que o Pai enviará em meu nome, vos ensinará todas as coisas e vos fará lembrar de tudo o que vos tenho dito" (João 14.26).

5. O Espírito Santo testifica *do Senhor.* "O Espírito da verdade, que procede do Pai, ele testificará de mim" (João 15.26).

6. O Espírito Santo *nos* guia: "ele vos guiará em toda a verdade" (João 16.13).

7. O Espírito Santo *dá ordens às* pessoas em seu serviço a Jesus Cristo: "foram impedidos pelo Espírito Santo de anunciar a palavra na Ásia [...] tentavam ir para a Bitínia, mas o Espírito de Jesus não lho permitiu" (Atos 16.6,7).

8. O Espírito Santo *chama as pessoas* para o trabalho de Deus e lhes indica a função: "disse o Espírito Santo: Apartai-me a Barnabé e a Saulo para a obra a que os tenho chamado" (Atos 13.2).

9. O Espírito *Santo fortalece igrejas*: "Assim as igrejas [...] tinham paz. Eram fortalecidas e, edificadas pelo Espírito Santo, se multiplicavam, andando no temor do Senhor" (Atos 9.31).

Na realidade, capítulos inteiros na Bíblia foram escritos sobre as atividades do Espírito Santo. Esta lista traz alguns aspectos que se sobressaem.

Características de personalidade são atribuídas ao Espírito Santo. Como pessoa, uma entidade deve ter certos atributos: o conhecimento de coisas e fatos; sentimentos como alegria, ira, prazer e tristeza; vontade para determinar quais serão suas atitudes em relação a esses sentimentos. Será que o Espírito Santo possui estes atributos?

Primeiro, é atribuído conhecimento ao Espírito Santo, de acordo com as seguintes passagens: "Mas Deus no-las revelou pelo seu Espírito. O Espírito penetra todas as coisas, até mesmo as profundezas de Deus" (1Coríntios 2.10). "E aquele que examina os corações sabe qual é a intenção do Espírito..." (Romanos 8.27).

Pense sobre isso, o Espírito Santo tem inteligência tanto para esquadrinhar as coisas profundas de Deus, como pode esquadrinhar e compreender o coração humano.

Quero contar-lhes minha própria experiência com respeito ao conhecimento do Espírito Santo. Em um dia de verão muito quente, pregava para mais ou menos 1.300 pessoas num culto vespertino em minha igreja. Na metade do sermão, senti de repente em meu espírito um irresistível apelo do Espírito Santo. Ele me revelava que alguém na congregação deixara sua casa decidido a cometer suicídio e, se essa pessoa não fosse salva aquela noite, seria o seu fim. Depois de receber essa revelação, tentei continuar o sermão como se nada tivesse acontecido. Mas minha perturbação começou a aumentar. Finalmente, interrompi o sermão por alguns minutos e expliquei a situação à igreja. "Se a pessoa de quem falo está presente, por favor levante a mão", disse.

Uma jovem levantou a mão, e depois do culto fomos ao meu escritório. Ela saíra de sua casa com a intenção de não voltar mais lá, mas uma amiga a persuadira a assistir ao culto. Só tinha em mente cometer suicídio, até que ouviu sobre um Deus que se interessava por ela e queria livrá-la de seu desespero.

Durante nossa conversa, chorou amargamente, confessou seus pecados e voltou para casa, salva. Mais ou menos um ano depois, recebi uma carta sua dizendo que estava vivendo feliz com o Senhor. Uma experiência como essa assegura-me que o Espírito Santo conhece todos os nossos pensamentos íntimos e nossas circunstâncias. Sim, ele tem o conhecimento.

Segundo, o Espírito Santo tem sentimentos e emoções, como se pode notar nestas passagens: "Ora, a esperança não traz confusão, porque o amor de Deus está derramado em nossos corações pelo Espírito Santo que nos foi dado" (Romanos 5.5). "E não entristeçais o Espírito Santo de Deus, no qual fostes selados para o dia da redenção" (Efésios 4.30); "mas o mesmo Espírito intercede por nós com gemidos inexprimíveis" (Romanos 8.26).

Tais passagens bíblicas provam que o Espírito Santo possui uma variedade de emoções: ele derrama o amor de Deus em nossos espíritos; ele pode sentir-se magoado, triste; ele ora de maneira fervorosa a nosso favor.

Terceiro, o Espírito Santo tem uma vontade, tem determinação, e age de acordo com sua vontade e plano. "Mas um só e o mesmo Espírito opera todas estas cousas, distribuindo particularmente a cada um como quer" (1Coríntios 12.11); "foram impedidos pelo Espírito Santo de anunciar a palavra na Ásia [...] tentavam ir para Bitínia, mas o Espírito de Jesus não lho permitiu" (Atos 16.6-7).

Uma das coisas mais tolas que as pessoas tentam hoje é usar o Espírito Santo para alcançar seus próprios objetivos. Ele não é uma entidade sem personalidade, nem um objeto inanimado ou um poder desconhecido que possa ser usado. E uma pessoa real, e usa indivíduos para seu próprio trabalho de acordo com sua própria vontade. No verão de 1964, tive uma experiência profunda que demonstra essa realidade.

Depois de haver pregado por uma semana em diversas igrejas na Califórnia, marquei meu voo para o estado de Washington. De repente comecei a sentir uma sensação de desconforto e intranquilidade em meu espírito. Tentava acalmar-me, mas era em vão. Planejara participar de uma reunião festiva promovida pelo Concílio Missionário de Senhoras antes de deixar a cidade. Então, depois de chegar ao local da reunião, pedi à presidente do grupo de senhoras que me indicasse um lugar separado, onde pudesse orar. Ali, *ajoelhei-me diante* do Senhor e na mesma hora o Espírito Santo mostrou-me, de modo claro, que era sua vontade que eu permanecesse naquela cidade por mais uma semana. Por instantes, tentei argumentar sobre minhas desculpas, os motivos da minha próxima partida, porém continuava não sentindo paz. Quando enfim me submeti inteiramente ao Senhor e prontifiquei-me a obedecê-lo, a paz retornou, inundando meu ser.

Refletindo depois sobre aquela decisão, percebi que minha obediência à voz do Senhor trouxera grandes resultados evangelísticos e muitos frutos para o reino de Deus. Por experiência própria, posso afirmar que o Espírito Santo tem uma grande vontade de mostrar-nos qual é ela.

Acima de tudo, a Bíblia nos mostra que o Espírito Santo é uma pessoa real que tem conhecimento, sentimento e vontade. Ele habita e trabalha dentro de nós e conosco. Conhecendo esta verdade, deveríamos espalhar o evangelho com a ajuda deste poder sobrenatural. Assim, daremos as boas vindas ao Espírito de Deus e o adoraremos em nosso caminhar pessoal e ministério público.

Por causa da natureza pessoal do Espírito Santo, é importante que o adoremos. Porventura, seríamos instados por Jesus a adorar um poder sem personalidade? Nunca. Então, de modo maravilhoso, quando louvamos seu santo nome, ele nos responde como uma pessoa — pessoa perfeita, porque ele é Deus.

Capítulo 3
Nomes e símbolos do Espírito Santo

A Bíblia usa, pelo menos, quatro nomes significativos quando se refere ao Espírito Santo: Espírito Santo, Espírito de Deus, Espírito de Cristo e Consolador. Cada um deles especifica uma função particular do Espírito Santo. Estudemos esses nomes detalhadamente e depois discutiremos os símbolos usados na descrição do Espírito Santo.

Espírito Santo

> "Pois Deus não nos chamou para a impureza, mas para a santificação. Portanto, quem rejeita estas coisas, não rejeita ao homem, mas sim a Deus, que vos dá o seu Espírito Santo" (1Tessalonicenses 4.7-8).

Entre os três membros da santíssima Trindade, o Espírito Santo, em particular, exerce a função de santificador e purificador, como seu próprio nome indica. Ele é o poder que produz santidade e pureza nos cristãos. Ele os afasta dos pecados desta terra, na qual espíritos imundos agem praticando o mal nos filhos da desobediência. Com este espírito de santidade, podemos distinguir o espírito que pertence a Deus do espírito que pertence a Satanás.

Espírito de Deus

"E não entristeçais o Espírito Santo de Deus, no qual fostes selados para o dia da redenção" (Efésios 4.30).

Em muitas passagens bíblicas o Espírito Santo é chamado Espírito de Deus (Gênesis 1.2; 1Coríntios 2.11).

É natural que o Espírito Santo seja chamado Espírito de Deus, visto que ele é enviado por Deus (João 15.26). A Bíblia também o chama de Espírito de Deus, porque Deus age através do Espírito Santo para chamar pecadores a Jesus, o Salvador (João 6.44), para revelar a verdade (Mateus 11.25) e para guiar os cristãos (Romanos 8.14).

Espírito de Cristo

"Mas, se alguém não tem o Espírito de Cristo, esse tal não é dele" (Romanos 8.9).

O Espírito Santo é chamado o Espírito de Cristo, porque foi derramado por Jesus sobre os cristãos, e este ele recebeu do Pai (Atos 2.33). Várias vezes, Jesus disse que o Espírito Santo viria em seu lugar e continuaria seu trabalho. Disse também que a vinda do Espírito Santo para habitar nos corações dos cristãos seria a vinda do próprio Cristo (João 14.16-20). E ainda, que o Espírito testificaria de sua crucificação e ressurreição remidoras (João 15.26).

Alguns ensinam que o Espírito Santo é diferente do Espírito de Cristo; ensinam que ao nascer de novo, a pessoa recebe o Espírito de Cristo e só recebe o Espírito Santo ao receber o batismo do Espírito Santo. Se isso for verdade, não deveríamos também orar para receber o Espírito do Pai? Esse ensinamento não é baseado no verdadeiro fundamento da santíssima Trindade, mas numa falsa teologia. O Espírito de Cristo é o mesmo Espírito Santo.

Consolador

"Quando vier o Consolador, que eu da parte do Pai vos enviarei, o Espírito da verdade, que procede do Pai, ele testificará de mim" (João 15.26).

Paracleto ou "Consolador", tem sua raiz em duas palavras gregas que significam "ao lado de alguém" e "chamar". Etimologicamente essa palavra originou-se nos tribunais de justiça. Quando um réu era pressionado pelo promotor público e não sabia como defender-se, ele olhava ao redor, procurando encontrar alguém que o pudesse ajudar. Ao descobrir o rosto familiar de um amigo influente, o réu se dirigia a ele, e o amigo então atravessava a multidão e se colocava ao lado do réu. Daquele momento em diante, aquele amigo ficaria a seu lado como seu *paracleto*, e o ajudaria a defender-se.

O Consolador é aquele que dá conforto, refrigério, e é chamado para ficar ao lado de uma pessoa que está em dificuldade. Ele aconselha, exorta e dá forças a fim de que a pessoa possa alcançar vitória sobre seus oponentes.

Pensemos de maneira mais profunda sobre as palavras de Jesus: "Eu rogarei ao Pai, e ele vos dará outro Consolador, para que esteja convosco para sempre" (João 14.16).

Parece evidente que Jesus considerou-se o primeiro Consolador, porque ele descreve o Espírito Santo como aquele que ficaria em seu lugar, continuaria o trabalho em seu nome, e também como o "outro" Consolador.

Na última parte de 1João 2.1 lemos: "Se, porém, alguém pecar, temos um Advogado para com o Pai, Jesus Cristo, o justo". A palavra grega aqui traduzida por "advogado" é *parakletos*, a mesma palavra traduzida por "consolador" em João 14.16,26. Isso mostra outra vez Jesus como o primeiro Consolador.

O adjetivo "outro" em João 14.16 tem conotações significativas no original grego. Duas diferentes palavras gregas são usadas na Bíblia para denotar "outro". A primeira delas encontra-se em João 14.16, "outro Consolador"; a segunda encontra-se em Gálatas 1.6, "outro evangelho". O "outro" de João 14.16 é a palavra grega *allos*, que significa outro da mesma espécie e qualidade. A palavra "outro" de Gálatas 1.6 é a palavra grega *heteros* que indica outro como sendo diferente em espécie e qualidade.

Surpreendentemente, quando Jesus referiu-se a "outro Consolador", ele usou as palavras *allos parakletos*. Por quê? Porque, apesar de o Espírito Santo ser uma pessoa diferente de Jesus, ele é a mesma espécie de Consolador, da mesma natureza divina e com o mesmo propósito de Jesus. Ele glorifica o nome de Jesus e atua em seu lugar. Entretanto, a presença de nosso Consolador, o Espírito Santo, equivale à presença em nós de Jesus. Quando Jesus falou sobre a vinda do Espírito, disse que seria como a vinda do próprio

Jesus: "Não vos deixarei órfãos, virei para vós" (João 14.18). A permanência do Espírito Santo é a permanência de Jesus; e a plenitude do Espírito Santo é a plenitude de Jesus. Tal bênção maravilhosa é uma experiência miraculosa e sobrenatural que está além de nossa capacidade de descrever.

Os símbolos do Espírito Santo

A Bíblia está repleta de símbolos referentes ao Espírito Santo.

Agora que já vimos quem ele é e como é chamado, podemos estudar as características das metáforas empregadas para descrevê-lo.

Água

"Jesus pôs-se de pé, e clamou: Se alguém tem sede, venha a mim e beba. Quem crê em mim, como diz a Escritura, do seu interior fluirão rios de água viva" (João 7.37-38).

Em muitas passagens na Bíblia, a água é usada como símbolo do Espírito Santo. Por que essa metáfora é adequada? Se observarmos a relação que existe entre a água e a vida humana, poderemos entender muitas coisas sobre o Espírito Santo.

Primeiro, a água é indispensável à preservação da vida. Um ser humano é composto de 60% de água. Se houver desidratação provocada por vômitos ou diarreia, a pessoa corre o risco de perder a vida física. De modo similar, o Espírito Santo é indispensável à nossa vida espiritual. Nascemos de novo dele (João 3.5) e, bebendo dele continuamente (1Coríntios 12.13), podemos preservar nossa vida espiritual. Por meio do Espírito Santo nos tornamos vigorosos, fortes, podendo desfrutar vida plena sem jamais sentir sede (João 4.13-14).

A água é também indispensável para a limpeza de nosso corpo. Se não tivermos acesso à água por tempo prolongado, nos tornaremos doentes, podendo até mesmo morrer, devido às complicações ocorridas pela falta de higiene. Não é verdade? Todos os dias, lavamos nosso corpo, nossa roupa, utensílios de cozinha etc. Assim, nossa vida espiritual deve ser lavada também pelo Espírito Santo. Por certo, somos limpos de nossos pecados ao crermos no sangue precioso de Jesus; mas o Espírito Santo — como se nos lavasse com água —

refrigera-nos, renova nosso coração a fim de que possamos seguir em frente com vida limpa, regenerada (Tito 3.5).

O Espírito Santo é origem de vida para aqueles que são obedientes; porém ele é o Espírito de julgamento, uma torrente consumidora para os desobedientes. Nos dias de Noé, Deus usou o dilúvio condenando o mundo por seus pecados e sua desobediência (Gênesis 7). Deus julgou Faraó e seu exército, destruindo-os no mar Vermelho (Êxodo 14.28). Em Atos 5, Ananias e Safira morreram ao serem julgados pelo Espírito Santo, pois lhe haviam mentido. Atos 13.8-13 conta a história de Elimas, um mágico que se tornou cego pelo Espírito Santo quando se opôs à pregação do evangelho por Paulo.

Fogo

"Ele [Jesus] vos batizará com o Espírito Santo e com fogo" (Mateus 3.11).

O fogo, usado como símbolo do Espírito Santo, é bastante conhecido, mas a verdade que essa metáfora representa não é muito bem conhecida.

Primeiro, no Antigo Testamento, sem exceção, a presença de Deus era manifestada por meio do fogo. Alguns eventos históricos maravilhosos mostram que o fogo acompanha a presença de Deus. Quando Moisés vigiava o rebanho de seu sogro no monte Horebe, encontrou-se com Deus ao lado de uma sarça que ardia sem se consumir (Êxodo 3.1-5).

Em 1Reis 18, quando teve uma contenda com 450 profetas de Baal no monte Carmelo, Elias os desafiou dizendo que aquele que respondesse por meio de fogo diante de todo o povo, seria o verdadeiro Deus! Quando Elias recebeu a resposta, destruiu os idólatras.

Depois da ascensão de Jesus, 120 discípulos reuniram-se no cenáculo em Jerusalém encorajando-se mutuamente, enquanto esperavam pelo cumprimento da promessa do Senhor — o Espírito Santo. Então, na festa de Pentecoste: "De repente veio do céu um som, como de um vento impetuoso, e encheu toda a casa onde estavam assentados. E viram línguas repartidas, como que de fogo, as quais pousaram sobre cada um deles" (Atos 2.2-3).

Aqui vemos que o Espírito Santo, o qual Jesus enviou, também apareceu no meio de fogo. É evidente que Deus age entre as chamas do Espírito Santo.

Segundo, o fogo queima, destrói tudo que é indesejável. O método mais perfeito de purificação conhecido pela humanidade é através do fogo. Todas as espécies de lixo e coisas deterioradas são queimadas.

Quando o Espírito Santo habita em nossa vida, consome o pecado que está dentro de nós (Hebreus 12.29; Jeremias 23.29). Vida de santidade e justiça só é possível quando foi realizado esse trabalho consumidor dentro de nosso coração.

Terceiro, o fogo nos provê luz que alarga a esfera e as horas de nossa atividade. A civilização humana é chamada "civilização da luz". Quão diligentemente pessoas buscam o fogo que ilumina o mundo material, enquanto são indiferentes ao fogo do Espírito Santo, que ilumina a alma que é eterna!

O Espírito Santo vem em nosso coração enegrecido pelo pecado e a morte, e mediante o derramamento de sua luz divina e celestial ajuda-nos a ganhar a vida eterna e conhecer o segredo do céu.

Quarto, o Espírito Santo é simbolizado pelo fogo porque nos dá amor sobrenatural pela obra de evangelização. Quando o Espírito Santo se apossa de nosso coração, o amor do Senhor e o entusiasmo pelo trabalho do evangelho ardem como fogo dentro de nosso espírito.

Quinto, fogo simboliza poder. O instrumento de poder que dirige nossa civilização é obtido, primariamente, pelos meios de combustão. Os jatos supersônicos, caminhões, trens, muitas coisas que nos fornecem conforto e comodidade funcionam pelo poder de uma faísca, pelo poder do fogo.

Assim também o Espírito Santo nos provê com o poder do céu, tão urgente e necessário para nossa vida pessoal de fé e para o ministério da pregação do evangelho. Torna-se vã a tentativa de começar o trabalho evangelístico sem receber o poder divino providenciado pelo fogo do Espírito Santo.

Vento

"O Vento sopra onde quer, e ouves a sua voz, mas não sabes donde vem, nem para onde vai. Assim é todo aquele que é nascido do Espírito" (João 3.8).

A palavra grega para vento e espírito é a mesma, *pneuma*. Então, traduzindo literalmente, o Espírito Santo seria o "Vento Santo". Existe graça em abundância nessa metáfora do Espírito Santo. Por que digo isso?

Primeiro, o vento penetra em todo lugar na terra. O ar que respiramos existe em todo espaço vazio, por menor que seja. Jesus disse que o Espírito Santo ficaria conosco para sempre; não há lugar na terra onde não esteja presente. Ele age ao redor dela de tal modo que ninguém pode monopolizá-lo ou resisti-lo. Como explica a Bíblia, não somos mais órfãos quando conhecemos, recebemos e convidamos o Espírito Santo para estar conosco e dele nos tornamos dependentes (João 14.18).

Segundo, o vento é ar em movimento constante. Nós sentimos o vento mover quando o ar circula da alta pressão atmosférica para a baixa pressão atmosférica. Assim, o Espírito Santo também trabalha continuamente. É errônea a ideia de que o Espírito Santo só atuava na época do Antigo Testamento e nos primeiros tempos do Novo Testamento, e depois disso desapareceu como uma névoa. Assim como o vento sopra hoje, da mesma maneira como fazia séculos passados, o Espírito Santo continua exercendo sua função.

O Consolador flui nas áreas de baixa pressão atmosférica — entre pecado, doenças, tristezas e desespero — e está sempre pronto para ajudar com mensagens de alegria, perdão, cura e vida eterna. Todos que vierem ao Senhor com coração quebrantado e obediente sentirão a experiência da regeneração realizada pelo Espírito.

Terceiro, o controle da direção do vento não depende da nossa vontade. Jesus disse que o vento sopra onde quer (João 3.8). Como o Espírito Santo tem a vontade suprema e age de acordo com seu próprio propósito, devemos seguir sua direção obedientemente, porque andamos pela fé.

Quarto, o vento, quando sopra, refrigera o ar e o enche de vitalidade. Que maravilhoso bem-estar a aragem fresca proporciona, num dia de verão sufocante! O vento soprando num ambiente repleto de gás intoxicante refresca e purifica a atmosfera.

Da mesma maneira age o Espírito Santo. Quando nos sentimos ansiosos e depressivos pelos problemas da vida e as tentações do pecado, ele penetra em nosso coração como o vento, dando-nos nova vida e vitalidade celeste. Ao inundar nosso espírito, deixa-nos cheios de alegria pela vida e com o ardor da fé.

Óleo

"Assim tomou Samuel o vaso de azeite, e ungiu-o no meio de seus irmãos, e daquele dia em diante o Espírito do Senhor se apoderou de Davi" (1Samuel 16.13). "E a unção, que vós recebestes dele, fica em vós" (1João 2.27).

Por meio dos Antigo e Novo Testamentos, o Espírito Santo é simbolizado pelo óleo. Mais uma vez, outro símbolo que pode revelar-nos como ele age.

Primeiro, lugares e pessoas ungidos são santificados, separados para Deus. Deus mandou Moisés santificar o tabernáculo da congregação, a arca da aliança, todos os instrumentos e o altar com a unção do óleo (Êxodo 30.25-29). Moisés também ungiu Arão e seus filhos, consagrando-os para ministrar o sacerdócio (Êxodo 30.30). Deus falou a Samuel que ungisse Davi como rei (1Samuel 16.13). E Elias ungiu Eliseu para ser profeta (1Reis 19.16).

Hoje, aqueles que creem no Senhor Jesus Cristo são transformados por Deus numa geração escolhida, num sacerdócio real, numa nação santa e num povo de Deus pela unção do Espírito Santo (1Pedro 2.9). Ninguém pode receber tamanha graça sem ser revestido do poder do Espírito Santo.

Nascemos de novo pelo Espírito Santo e recebemos função de profeta, por meio da qual pregamos a Palavra. Um dia, nós reinaremos com Cristo, ungidos pelo Espírito Santo. Como podemos deixar de agradecer a Deus?

Segundo, o óleo era necessário para abastecer os sete candelabros que iluminavam o tabernáculo de Deus. No santuário do Antigo Testamento, a única luz provinha dos candelabros de ouro — portanto, do óleo. Do mesmo modo, só pela luz brilhante da unção do Espírito Santo, o mundo espiritual poderá ser revelado a nós.

Assim como nenhuma outra luz era permitida no lugar santo, do mesmo modo só a luz do óleo do Espírito pode iluminar a palavra de Deus — o segredo do lugar santo celestial.

Terceiro, o óleo restaura desgastes e danos produzidos pela fricção de partes que se atritam. Como poderíamos lubrificar o espírito humano, dilacerado pelas discórdias sem fim? Por que igrejas e cristãos hoje são tão destruidores? É porque não têm recebido a unção do Espírito Santo. A lubrificação com o óleo de paz, amor e cura, acontece quando somos cheios com o Espírito.

Quarto, óleo é um ingrediente necessário para a preservação da vida. Por que o espírito de alguns cristãos tem se tornado seco como os ossos no vale da visão de Ezequiel? Por que a igreja está definhando, tanto em qualidade quanto em quantidade?

É porque os cristãos não têm recebido o óleo do Espírito Santo, a nutrição celeste indispensável ao nosso espírito. A história e a realidade provam claramente que, tanto igrejas como cristãos, quando cheios do Espírito Santo, são bem nutridos. Isso acontecia no passado e assim continuará sempre.

Chuva

"Ele será como a chuva sobre a erva ceifada, como os aguaceiros que umedecem a terra" (Salmo 72.6). "Conheçamos, e prossigamos em conhecer ao Senhor. Como a alva será a sua saída; ele a nós virá como a chuva, como chuva serôdia que rega a terra" (Oseias 6.3).

Há duas razões claras para o uso da metáfora do Espírito Santo como chuva. Falemos sobre a terra: ela não pode produzir nenhum fruto, nem manter qualquer tipo de vida a não ser que receba chuva. Nos dias do profeta Elias no Antigo Testamento, quando todas as plantas e árvores estavam secas e a vegetação morta, Elias orou ardentemente pedindo chuva. A chuva caiu e a terra produziu fruto.

Assim como a terra pode produzir fruto e preservar a vida apenas quando recebe chuva, a vida espiritual de uma pessoa também só pode renascer, produzir fruto e conservar vida de poder mediante a chuva do Espírito Santo.

Uma segunda razão para simbolizá-lo como chuva que irriga a terra é um pouco mais complexa. Na Palestina, os fazendeiros esperam chuva duas vezes durante a estação do plantio. A primeira delas cai no fim do outono e é chamada "primeira chuva". Quando a "primeira chuva" chega, os fazendeiros fazem rapidamente a semeadura do trigo ou cevada, e essas sementes absorvem a umidade daquela chuva. As sementes germinam, mas durante o inverno vivem com dificuldade. Quando chega a primavera, ventos quentes do sudeste sopram e a chuva cai de novo dando nova vida. Os fazendeiros palestinos chamam essa chuva de primavera "última chuva". Então as plantas absorvem a chuva e crescem rápido, até serem colhidas.

Esse ciclo natural é mencionado em relação ao Espírito Santo, no livro de Tiago. "Sede, pois, irmãos, pacientes até à vinda do Senhor. Vede que o lavrador espera o precioso fruto da terra, aguardando-o com paciência, até receber as primeiras e as últimas chuvas" (Tiago 5.7).

Quando o Senhor Jesus veio à terra, semeou a semente do evangelho. Dez dias depois de sua ascensão, no dia de Pentecoste, 120 cristãos que receberam essa semente estavam reunidos em Jerusalém. Quando oravam, um som do céu, como vento muito forte, encheu a casa onde se reuniam os seguidores de Jesus. Línguas como de fogo desceram pousando sobre cada um deles e foram imediatamente cheios com o Espírito Santo. Naquele momento, a igreja de Jesus Cristo foi estabelecida.

Essa "primeira chuva" do Espírito Santo caiu também sobre Samaria, mais tarde numa hora de adoração caiu na casa de Cornélio e depois sobre os cristãos em Éfeso. Com a vida e o poder do Espírito, igrejas de Jesus Cristo foram construídas aqui e ali, a Palavra do evangelho começou a ser pregada com vigor. Esse trabalho do Espírito, a "primeira chuva", foi derramada abundantemente até 300 d.C., então ela começou a diminuir e em 600 d.C. o trabalho do Espírito Santo quase cessou. A igreja tornou-se ritualística, e o forte inverno da fé aproximou-se. A igreja entrou numa fase sombria.

Durante a reforma no século XVI, pelos esforços de homens como Martinho Lutero, o trabalho do Espírito Santo reviveu. Mais adiante, por meio de servos fiéis ao Senhor como John Wesley, George Whitefield, Charles Finney e Dwight Moody, a grande atuação do Espírito Santo reapareceu. Por volta do ano de 1900, o mundo todo começou de novo a receber o Espírito Santo.

Agora que a igreja tem recebido o Espírito Santo na abundante "última chuva" (serôdia), estamos testemunhando sua atuação como a igreja cristã em seus primórdios. Apesar de algumas pessoas não entenderem o trabalho de Deus nos dias de hoje, apesar da oposição a esse movimento do Espírito Santo, ninguém pode deter a ação e a vontade de Deus; o cumprimento de seu trabalho não falhará. Nós só podemos dar graças, louvor e honra a Deus, que nos restaura o poder da igreja primitiva, derramando a "última chuva" do Espírito Santo.

Quando fui convidado para presidir a Oitava Conferência Mundial Pentecostal realizada no Rio de Janeiro, Brasil, não pude deixar de admirar o maravilhoso trabalho do Espírito Santo. Nesse país católico, enraizado com cerimônias e ritos, afirma-se que milhões de pessoas já receberam o Espírito Santo de acordo com Atos 2.4.

Agora, antes da segunda vinda do Senhor Jesus, o Espírito Santo está de novo despertando a igreja ao redor do mundo e derramando sua graça — libertando almas através da crença em Jesus Cristo. Admitindo que, agora é o tempo oportuno para revitalizar nossa fé pelo recebimento da "chuva serôdia" do Espírito, devemos permanecer em fervorosa oração.

Pomba

"Então João testificou, dizendo: Eu vi o Espírito descer do céu como pomba e permanecer sobre ele" (João 1.32).

Esse versículo descreve a ocasião mais importante em que a pomba aparece como um símbolo do Espírito Santo: quando Jesus foi batizado por João Batista no rio Jordão. Quando os céus se abriram, o Espírito de Deus desceu em forma de uma pomba e pousou sobre Jesus. Há profundos significados na metáfora de uma pomba como simbolismo.

Primeiro, no mundo inteiro, a pomba é conhecida como um símbolo de paz. Em Gênesis, quando Deus destruiu toda carne pelo dilúvio, Noé e os sete membros de sua família acharam graça aos olhos de Deus. Foram salvos na arca. Quarenta dias depois que a arca pousou no Monte Ararat, Noé soltou uma pomba pela janela da arca para ver se as águas já haviam baixado. A pomba voltou e Gênesis 8 relata: "Esperou ainda outros sete dias, e tornou a enviar a pomba fora da arca. Quando a pomba voltou a ele à tarde, no seu bico havia uma folha verde de oliveira. Assim soube Noé que as águas tinham minguado de sobre a terra" (Gênesis 8.10,11).

A primeira evidência de que a paz retornara à terra, e que o julgamento e a ira de Deus já haviam passado, foi uma pomba.

Que maneira tão bela de representar a presença do Espírito Santo! Portanto, ele não pode habitar nos espíritos humanos que estejam debaixo do juízo e da ira de Deus. Jesus Cristo nos redimiu pela sua morte na cruz, e pagou, desse modo, pela ira e pelo juízo de Deus. Quando confessamos nossos pecados e aceitamos Jesus como nosso Salvador, o Espírito Santo vem a nós, porque temos a prova redentora do sangue precioso. O Espírito Santo faz-nos sentir a alegria de saber que "quem ouve a minha palavra e crê naquele que me enviou, tem a vida eterna, e não entrará em condenação, mas passou da morte para a vida" (João 5.24), e "temos paz com Deus" (Romanos 5.1).

E isso não é tudo! Para aqueles que caminham em pecado para a perdição, em oposição e desobediência a Deus, o Espírito Santo continua a pregar o evangelho reconciliador de paz. A coisa mais importante que uma pessoa deve decidir hoje é: ou receber salvação e paz — as novas maravilhosas que o Espírito Santo traz ao nosso coração — ou ser destruída.

A pomba é também um símbolo de mansidão e humildade, atributos do Espírito Santo que ele confere a nós. Fico sempre perplexo ao ver pessoas que dizem que receberam o Espírito Santo, mas que agem e falam afrontosamente. Alguns se comportam como se estivessem tomados por um espírito maligno. Mas a evidência do Espírito Santo é um espírito manso e humilde.

A pomba é também conhecida como uma criatura pura e inofensiva. Ela não ataca, não mata outros animais, como o felino e a águia, por exemplo. Correspondendo a essa descrição, observemos que o Espírito Santo é de fato como seu nome diz, um *espírito santo*.

Familiares de pessoas oprimidas por espíritos malignos muitas vezes trazem os membros de sua família para meu escritório, pedindo-me para discernir o estado espiritual deles. Enquanto vou conversando com essas pessoas sofredoras, elas confessam sem exceção que obscenidades, pensamentos maus e linguagem abusiva fluem por meio delas contra sua própria vontade. Esse é o trabalho de Satanás. Pessoas assim deveriam apoiar-se na Palavra da verdade e lutar contra Satanás até expulsá-lo de vez, e depois descansar sobre o poder purificador do sangue precioso de Jesus. Se não tomarem essa decisão, por certo se tornarão mentalmente incapacitadas no final.

Ainda bem que posso dizer às pessoas que passam por lutas como essas, que elas poderão ser, de modo completo, libertas pelo sangue precioso do Cordeiro e pelo poder da Palavra de Deus.

O Espírito Santo é sempre um *espírito santo*. Por não haver nada de ameaçador, nem ofensivo ou vil nele, não devemos também admitir qualquer transformação espiritual em nós que não seja dirigida à santidade. É verdade que não nos tornamos santos, instantaneamente, ao receber o Espírito Santo. Porém, teremos poder para crescer em santidade e receberemos também sensibilidade que nos faça sentir culpados ao cometermos pecado. Se considerarmos isso, nossa vida só tenderá a melhorar.

O Espírito de Deus não veio para ferir e matar, mas para salvar, curar e restaurar. Notemos a proclamação de Jesus, na sinagoga de Nazaré, concernente à sua missão e tendo auxílio do Espírito: "O Espírito do Senhor está sobre mim, pelo que me ungiu para evangelizar aos pobres. Enviou-me para apregoar liberdade aos cativos, dar vista aos cegos, pôr em liberdade os oprimidos, e anunciar o ano aceitável do Senhor" (Lucas 4.18,19).

A quarta razão pela qual o Espírito Santo é simbolizado pela pomba é que o Espírito Santo é extremamente sensível ao mal. As obras do Espírito Santo são extinguidas pela traição e deslealdade da humanidade. Mais do que qualquer outro animal, a pomba é amedrontável. Perseguida uma ou duas vezes, a pomba deixa seu ninho para sempre. Se quisermos viver em harmonia com o Espírito Santo em nosso coração, temos de ter muito cuidado e manter uma atitude reverente em relação a ele e nunca o entristecer. Efésios 4.30 nos alerta: "E não entristeçais o Espírito Santo de Deus". Se sempre nos opusermos à vontade do Espírito Santo, ele nos deixará como faz a pomba — que terrível acontecimento!

Quando arrependido, Davi orou fervorosamente, derramando lágrimas diante de Deus depois de reconhecer seu pecado: "Não me lances fora da tua presença, e não retires de mim o teu Espírito Santo" (Salmo 51.11).

O Consolador que, desceu em forma de uma bela pomba e pousou sobre Jesus, desce sobre nós *hoje*, *ansioso* por encher nosso coração.

Vinho

"E não vos embriagueis com vinho, em que há devassidão, mas enchei-vos do Espírito" (Efésios 5.18). "Todos se maravilhavam e estavam perplexos, perguntando uns aos outros: que quer dizer isto? Outros, porém, zombando, diziam: Estão cheios de vinho!" (Atos 2.12-13).

A Bíblia contrasta, ou em alguns casos compara a plenitude do Espírito Santo com embriaguez. Aqueles que têm a experiência da plenitude do Espírito Santo, em seu coração entenderão bem o significado disso.

Como vinho, o enchimento do Espírito traz gozo e prazer ao coração. Apesar de o vinho trazer mau resultado físico, o enchimento do Espírito Santo traz alegria espiritual e prazer celestial.

A plenitude dele em nossa vida produz resultados maravilhosos: "Falando entre vós com salmos, e hinos, e cânticos espirituais, cantando e salmodiando ao Senhor no vosso coração, dando sempre graças por tudo a nosso Deus e Pai, em nome de nosso Senhor Jesus Cristo, sujeitando-vos uns aos outros no temor de Cristo" (Efésios 5.19,21). A plenitude do Espírito Santo faz-nos fortes na fé, e nos ajuda a servir a Deus — não com entusiasmo temporário, mas com gozo contínuo.

O vinho faz as pessoas parecerem felizes e também dá uma paz temporária à mente. Faz com que elas esqueçam ansiedade, preocupações ou tristezas. Porém tal estado não é normal, mas uma intoxicação. Quando o vinho é o Espírito Santo, não existe esse tipo de anestesiamento; o resultado é um estado normal de pai superabundante, permitindo-nos que nos livremos das ansiedades, dos cuidados e das preocupações do mundo. Essa é a vontade do Criador!

Um terceiro efeito do vinho é que ele dá uma ousadia fora do comum, fazendo a pessoa assumir atitudes corajosas, por vezes incontroláveis até. Vida cheia do Espírito Santo possui também coragem e ousadia.

O Espírito Santo pode transformar uma pessoa tímida numa pessoa brilhante, ousada, que não tema nem dar até a sua própria vida. A ousadia que vem com a plenitude do Espírito capacita-nos a amar a verdade, a justiça, a mansidão e a humildade, e também a pregar o evangelho com autoridade. Essa mesma plenitude dá-nos audácia para derrotar o pecado e viver vida vitoriosa.

Por último, a pessoa embriagada não sente dor física porque os sentidos estão anestesiados. Vi uma vez um soldado estrangeiro moribundo e embriagado, agarrando arame farpado sem sentir que suas mãos sangravam, O Espírito Santo não entorpece nossos sentidos físicos, mas o poder de seu amor e sua força perseverante pode isolar-nos das setas malignas espirituais. O Espírito Santo nos dá a força para nos mantermos em pé, firmes.

É verdade que aqueles que são cheios com o Espírito muitas vezes assemelham-se às pessoas embriagadas. Intoxicação com vinho representa um excesso perigoso, enquanto a plenitude do Consolador torna a pessoa perfeita.

Selo

"[Cristo], é também nele que vós estais, depois que ouvistes a palavra da verdade, o evangelho da vossa salvação. Tendo nele crido, fostes selados com o Espírito Santo da promessa" (Efésios 1.13).

Quão maravilhosa é a comparação do recebimento do Espírito Santo com o estar selado. É dessa maneira que alcançamos a segurança da nossa salvação. Consideremos por um momento o sentido simbólico da metáfora do selo.

Primeiro, selar significa fechar alguma coisa, impedindo que pessoas desautorizadas abram. Em outras palavras, se alguma coisa está selada, ninguém pode tocá-la sem permissão. Quando Pilatos selou a pedra que fechava a sepultura de Jesus, a remoção dela sem a permissão de Pilatos seria punida com a morte. Assim, se somos selados pelo sangue de Jesus, Deus nos livra de cair em pecado pelo poder do Espírito Santo.

Portanto, nós cristãos — selados por ele e descansando em seu poder — deveríamos santificar nossa mente e vida, a fim, de derrotar o pecado e o Diabo.

Segundo, o selo é sinal de garantia de propriedade, algo que experimentamos diariamente. Pensemos desta maneira: ninguém pode retirar meu dinheiro do banco sem meu selo ou assinatura. Se eu marcar minhas posses com meu selo, todos saberão que aqueles valores pertencem a mim. Quem tentar retirar o selo e se apossar do que ali está viola meus direitos de proprietário e incorre em sérias consequências.

Do mesmo modo, Deus prova que seu povo é propriedade sua, selando-o com o Espírito Santo. Qualquer pessoa que ousar injuriar alguém ungido por Deus, viola a lei de propriedade de Deus e faz que a ira do Senhor recaia sobre si mesma. Quando os que são selados pelo Espírito se humilham, obedecem a vontade de Deus e vivem para sua glória, o Senhor do céu e da terra será para eles amparo e proteção.

Terceiro, selar significa autoridade. Aqui na Coreia todos devem ter um certificado de residência. Se o certificado não for timbrado com um selo oficial, não tem validade: perde a autoridade.

Os cristãos, sendo filhos de Deus, têm autoridade. Enquanto os discípulos estavam com Jesus, fizeram muitos sinais e maravilhas, agindo com autoridade e poder. Mas depois que Jesus foi levado ao céu sentiram-se derrotados e miseravelmente incompetentes — até que foram cheios com o Espírito Santo. De repente, receberam grande autoridade. O poder acompanhava suas palavras e orações, dando-lhes coragem e ousadia. Como resultado da própria autoridade vinda de Deus, sua fé floresceu.

Penhor

"Mas aquele que nos confirma convosco em Cristo, e nos ungiu, é Deus, o qual também nos selou e nos deu o penhor do Espírito em nossos corações" (2Coríntios 1.21,22).

Procuremos entender a maravilhosa bênção do Espírito Santo, descobrindo o significado completo de garantia. O que quer dizer a palavra "penhor"?

Primeiro, pensemos na situação mais comum de garantia.

Por exemplo, o fiador torna-se responsável pelo pagamento da dívida de alguém que ele garante. A responsabilidade de um fiador é um negócio muito sério.

Nós podemos ter total convicção sobre nossa salvação; mesmo assim Satanás continua atirando setas de apreensão e dúvida em nosso coração. Ele nos ilude, engana-nos com muitas mentiras sutis como: "Será que você pensa que o céu realmente existe? Esqueça essa grande tolice!" ou, então: "Ter fé é ter uma religião: não faz diferença, você pode professar qualquer uma! Todas as religiões são boas [...] levam a Deus!"

Nesses casos, não fosse pelo Espírito Santo que é a garantia da validade do evangelho de Jesus, nosso espírito enfraqueceria; no final falharíamos, sem fé. Mas quando temos a plenitude do Espírito — ele garante e assegura a veracidade da Palavra a cada momento — todas as setas de Satanás enfim são quebradas. O Espírito Santo age, a partir deste momento, como nosso fiador, ajudando-nos a crer sem uma só dúvida, de que Deus é real e que Jesus é nosso Salvador. Aleluia!

Segundo, quando adquirimos algo à prestação, ou quando assinamos um contrato de compra de casa ou terreno, damos o pagamento da entrada como garantia. Se o contrato for cumprido nos termos combinados, sei com certeza que a propriedade será minha.

Do mesmo modo, o céu é justo. Salvos pela fé, recebemos o Espírito Santo como garantia. Enquanto estamos nesta terra, devemos viver em obediência e fiéis à Palavra de Deus; caso contrário, o contrato será anulado. Devemos ter cuidado para não perder nossa preciosa libertação, ofendendo Deus ou caindo em pecado. Se andarmos pela fé, sendo sóbrios e vigilantes, o Espírito Santo faz-nos transbordar com alegria e esperança. Seu contínuo encorajamento de que o céu é nosso é a garantia da herança que um dia tomaremos posse.

Terceiro, a garantia tem um simbolismo interessante no tradicional processo de compra no Oriente Médio. Quando alguém vai negociar um lote de terra, o comprador volta para casa com um saco grande, cheio de terra da área que negociou. Coloca esse saco em algum canto de sua casa. Quando olha para aquela terra, cheira ou toca nela, tem certeza que comprou aquele lote. O saco de terra é a sua garantia.

Qual é o paralelo espiritual? O Espírito Santo é nossa garantia do céu. Nós ainda não chegamos lá para tomar posse e gozar de suas regalias; mas recebemos uma prova de que ele existe realmente, quando sentimos a plenitude do Espírito Santo.

Como é o céu? Enquanto continuamos nos caminhos desta vida, não vivemos apenas uma mera imaginação do céu. Agora e aqui mesmo possuímos parte do céu em nosso coração. Deus nos permite gozar um adiantamento, como prova de alegria, paz e descanso eterno do céu, enviando o Espírito Santo à nossa vida. Ele nos conforta e atende. Que maravilha de amor!

Recebendo essa amostra do céu, de forma mais ardente suspiramos por ele, e assim nos dedicamos com mais fervor à vida de fé para que sejamos dignos e cheguemos lá.

Capítulo 4
Os incrédulos e o Espírito Santo

A Bíblia descreve o estado espiritual dos incrédulos como "mortos nos vossos delitos e pecados" (Efésios 2.1). Isso não quer dizer que o incrédulo não tenha alma. Entretanto, sua alma está tão longe do céu e da presença de Deus que se tornou insensível ao reino do Criador. Se persistir nesse estado caótico, ao morrer fisicamente, sua alma irá para o inferno, que é um lugar separado do céu e de Deus.

O que podemos fazer por essas almas endurecidas e insensíveis — mortas em delitos e pecados? Esclarecer-lhes que devem renunciar a seus pecados e aceitar a vida eterna que Deus dá.

Existe alguém que trabalha, incessantemente, entre os incrédulos — o Espírito Santo. A Bíblia ensina: "As coisas que o olho não viu, e o ouvido não ouviu, e não subiram ao coração do homem, são as que Deus preparou para os que o amam. Mas Deus no-las revelou pelo seu Espírito" (1Coríntios 2.9,10).

Em outras palavras, incrédulos não podem entender a salvação de Deus por meio dos cinco sentidos humanos ou da razão. Somente, pelo poder da revelação interior podem receber a luz do entendimento concernente à salvação.

Como o Espírito trabalha junto aos incrédulos? A respeito disso, o próprio Jesus explica muito bem em João 16.8, quando diz que o Espírito Santo "convencerá o mundo do pecado".

Convencendo o mundo do pecado

Todas as pessoas nasceram com uma natureza pecaminosa. No Salmo 51.5 lemos: "Certamente em iniquidade fui formado, e em pecado me concebeu a minha mãe".

Alguém poderia perguntar: "O que é que isso tem que ver comigo?" Quando consideramos o significado original de pecado, descobrimos que estamos numa posição aterrorizante. Percebemos ser impossível admitir que não temos nada a ver com o pecado.

Em geral, as pessoas chamam de pecado apenas os atos errados, cometidos de forma que outros percebam. Porém o pecado tem raízes em lugares mais profundos do que nos parece. A Bíblia mostra como e porquê o homem não consegue evitar produzir frutos pecaminosos.

O estado pecaminoso de uma pessoa compreende a separação de Deus. Este estado, chamado pecado original, faz parte do homem. "Pelo que, como por um homem entrou o pecado no mundo, e pelo pecado a morte" (Romanos 5.12). "Pela ofensa de um morreram muitos" (Romanos 5.15).

Adão desobedeceu a Deus e foi lançado fora de sua presença; nessa situação, Adão produziu a humanidade. Como resultado, todos os descendentes de Adão, sem sombra de dúvida, nascem separados de Deus.

Vejamos um exemplo familiar: suponhamos que um casal foi exilado para uma ilha solitária e lá a esposa teve filhos. As crianças não podiam ter determinado o lugar de nascimento assim tão longe da terra natal. Mesmo que elas resolvam culpar o pai pelas circunstâncias de seu nascimento, nada pode ser mudado. Ali é o lugar onde nasceram. Foi simplesmente a maneira como tudo aconteceu.

Assim também os descendentes de Adão foram gerados nesse mesmo estado pecaminoso — longe da presença de Deus e colocados sob a sentença de morte de Adão. Aquele que abandonou o Deus de toda integridade, bondade e vida só pôde herdar iniquidade, maldade e transgressões. Nessa condição de abandono, a humanidade morreria e iria para o inferno. Mas aqui surgem o grande amor e a misericórdia de Deus; Deus nos libertou dessas circunstâncias por meio de Nosso Senhor Jesus Cristo.

Nascido da virgem Maria, Jesus veio a este mundo sem pecado original. Viveu uma vida sem pecado. Assim, tornou-se o substituto perfeito para os pecadores. Como pessoa justa foi crucificado em lugar dos injustos e, depois de três dias, ressurgiu dentre os monos.

Com sua morte, Cristo pagou o preço total de nosso pecado original e também de nosso envolvimento pessoal com o pecado. Que quer isso dizer? Todos que creem em Jesus Cristo recebem graciosamente salvação e vida eterna. Não estão mais separados de Deus.

Pela ressurreição de Cristo, o homem livrou-se da morte eterna, que seus próprios atos pecaminosos e seu pecado original mereciam. Mas será destruído se não aceitar Jesus Cristo como seu Salvador. Por essa razão, não posso deixar de enfatizar o quão urgente é que a mensagem do evangelho seja pregada.

Como podemos despertar a alma insensível e morta para receber a grande mensagem do evangelho? Quem pode convencer pecadores a correr para o refúgio da salvação, se eles em geral nem reconhecem seu estado desesperador, nem percebem o perigo que os rodeia?

Homens e mulheres nunca conseguiriam por si mesmos, mas Deus prometeu assumir esse trabalho, enviando o Espírito Santo que está realizando a obra no mundo todo, usando-nos como instrumentos para a proclamação do evangelho. Nós só podemos louvar a Deus e adorá-lo de todo nosso coração!

Convencendo o mundo de justiça

O Espírito Santo também "convencerá o mundo [...] da justiça [...] porque vou para o Pai, e não me vereis mais" (João 16.8-10).

Que é justiça? Quando aqueles que vivem longe da fé em Cristo ouvem a palavra "justiça", logo pensam em comportamento humano. Quando uma pessoa vive dentro da lei, ou vive de maneira moralmente irrepreensível, é chamada justa.

Mas que diz a Bíblia àqueles que estão debaixo da lei de Deus? "Pois todos pecaram e destituídos estão da glória de Deus" (Romanos 3.23). "Por isso ninguém será justificado diante dele por obras da lei, antes, pela lei vem o conhecimento do pecado" (Romanos 3.20). Todo aquele que se confronta com a lei de Deus percebe que é pecador. Portanto, todos não só estão fora da glória de Deus, como também fora de sua presença.

Então, quem poderia ficar perante o brilhante e glorioso trono de Deus, revelando uma vida pura, totalmente livre de pecado? Somos todos descendentes de Adão, portanto incapazes de encontrar uma só pessoa isenta do pecado original — exceto Jesus Cristo que foi, por obra do Espírito Santo, concebido na virgem Maria e de quem o mesmo Espírito dá testemunho.

Mas qual é a prova de que esse mesmo Jesus viveu uma vida justa e reta diante de Deus? A evidência é clara. Como já mencionamos antes, o apóstolo Paulo disse: "Pois todos pecaram e destituídos estão da glória de Deus". Isso quer dizer que pecadores não são qualificados para permanecer diante de Deus. Porém, lembremo-nos, Jesus disse que o Espírito Santo convenceria o mundo de justiça — "porque vou para o Pai, e não me vereis mais" (João 16.10).

Tal afirmação de Jesus foi mesmo cumprida? Sim, o que ele disse que aconteceria, aconteceu. Jesus morreu crucificado e carregou todos os pecados do mundo. Foi sepultado, sua tumba fortemente guardada pelas mãos de seus inimigos. A despeito de tudo isso, ressurgiu dos mortos e mais tarde subiu aos céus na presença de testemunhas. Seu corpo nunca foi encontrado — apesar de o haverem procurado.

Como evidência mais forte que essa, cinquenta dias depois de sua morte, Jesus enviou o dom do Espírito Santo a seus discípulos, para capacitá-los a ver e ouvir de maneira clara.

Pedro diz o seguinte a cerca dessa experiência: "Deus ressuscitou a este Jesus, do que todos nós somos testemunhas. De sorte que, exaltado pela destra de Deus, tendo recebido do Pai a promessa do Espírito Santo, derramou isto que agora vedes e ouvis" (Atos 2.32-33).

Toda carne, quer fosse santa ou pecadora, desde o começo da história da humanidade, com certeza morreu e deixou atrás de si seus restos mortais físicos (exceto Enoque e Elias que foram arrebatados sem passar pela morte, foram tidos como justos pela fé). Mas a tumba vazia de Jesus Cristo testifica, de forma silenciosa, que Jesus está vivo, retornou ao Pai.

Que significa para nós a justiça de Jesus? Um pecador não pode nunca redimir outros pecadores. Mas a morte de Jesus redime nossos pecados. Citemos de novo Romanos 3.23-24: "Pois todos pecaram e destituídos estão da glória de Deus, e são justificados gratuitamente pela sua graça, pela redenção que há em Cristo Jesus".

Notemos também estas referências sobre o que foi cumprido pela morte e ressurreição de Jesus: "Aquele que não conheceu pecado, ele o fez pecado por nós; para que nele fôssemos feitos justiça de Deus" (2Coríntios 5.21). "Ele (Jesus) foi entregue por nossos pecados, e ressuscitou para a nossa justificação" (Romanos 4.25). Jesus pagou por completo na cruz todas as dívidas da humanidade.

O Espírito Santo agora dá testemunho de que, pela fé em Jesus, qualquer pessoa pode ser considerada como se nunca tivesse cometido um pecado. Isso quer dizer que podemos apresentar-nos perante a glória de Deus sem constrangimento e descansar no mérito de Jesus. Que graça maravilhosa e que bênção extraordinária é tudo isso!

O Espírito Santo trabalha sem cessar, convencendo o mundo da maravilha dessa graça e verdade, para que todos possam crer no Salvador Jesus Cristo e ser salvos da destruição eterna que seria consequência da separação de Deus. Hoje não existe ninguém que possa ser justificado por seu próprio esforço diante de Deus, mas sim, mediante a graça redentora de Cristo. É o dom abundante da justificação que nos garante a entrada no reino glorioso de Deus.

Convencendo o mundo do juízo

Jesus também disse que o Espírito Santo "convencerá o mundo [...] do juízo [...] porque já o príncipe deste mundo está julgado" (João 16.8-11). Que juízo é esse de que a Bíblia fala? E quem é "o príncipe deste mundo"?

Em Apocalipse 12.9-11 lemos: "E foi precipitado o grande dragão, a antiga serpente, que se chama diabo e Satanás, que engana a todo o mundo. Ele foi precipitado na terra e os seus anjos foram lançados com ele. Então ouvi grande voz do céu, que dizia: Agora é chegada a salvação, e a força, e o reino do nosso Deus e o poder do seu Cristo. Pois já o acusador de nossos irmãos foi lançado fora, o qual diante do nosso Deus os acusa de dia e de noite. Eles o venceram pelo sangue do Cordeiro e pela palavra do seu testemunho; não amaram as suas vidas até à morte".

Como está escrito nesta passagem, o "príncipe deste mundo" é aquela "antiga serpente chamada o diabo e Satanás", que tentou Adão no Éden, que usurpou a autoridade de Adão sobre o mundo e na realidade enganou e seduziu o mundo todo.

Em sua origem, quando Deus criou este mundo, deu a Adão e Eva autoridade para governá-lo. Em Gênesis 1.26, quando Deus criou o homem e a mulher, disse: "Então disse Deus: Façamos o homem à nossa imagem, conforme a nossa semelhança; domine ele sobre os peixes do mar, sobre as aves dos céus, sobre os animais domésticos, sobre toda a terra, e sobre todos os répteis que se arrastam sobre a terra". Como rei e rainha, Adão e Eva foram criados, para dirigir e governar o mundo.

Então, quando foi a autoridade real usurpada e entregue ao Diabo? Foi quando Adão e Eva desobedeceram à ordem de Deus, dando ouvido às palavras da velha serpente. Como resultado da rendição de sua vontade ao Diabo e obediência a ele, o relacionamento de Adão com Deus foi quebrado. O homem não só se tornou servo do Diabo, como também rendeu-lhe obediência e entregou-lhe o território que Deus lhe confiara.

Desse dia em diante, "o mundo inteiro jaz no maligno" (1João 5.19). E desde então o Diabo faz um esforço supremo para se opor a Deus e interferir em seu plano.

Quando o Diabo tentou Jesus no deserto, levou-o a um alto monte e descortinou-lhe todos os reinos do mundo. Satanás tentou seduzir Jesus dizendo: "Disse-lhe o diabo: Dar-te-ei toda esta autoridade e a glória destes reinos, pois a mim me foi entregue, e a dou a quem eu quiser. Portanto, se me adorares, tudo será teu" (Lucas 4.6-7).

Em vez de dizer que o poder deste mundo era dele desde o princípio, o Diabo confessou que esse poder fora liberado para ele. Que trágico dia foi aquele!

Desde o dia em que Satanás seduziu Adão e Eva, ele tem se esforçado desesperadamente para roubar, matar e destruir a humanidade. Mas Deus conseguiu salvar o mundo por meio de Jesus Cristo.

A única maneira possível de salvar a raça humana, escravizada como estava nas mãos de Satanás, era Deus preparar um caminho pelo qual pudesse de maneira legal perdoar o pecado original e os pecados voluntários que homens e mulheres cometeriam. Mas, porque a humanidade escolheu rebelar-se contra Deus e submeter-se ao demônio, o resgate dessa situação deveria ser feito por meio de alguém imaculado e que não tivesse a alma adâmica. Você e eu é que temos de decidir receber as boas-novas do perdão de Deus, alcançadas por intermédio de Jesus Cristo seu unigênito filho.

Graças à morte sacrificial de Jesus, um caminho é aberto para o homem voltar para Deus e receber a bênção da graça e do perdão. Aleluia! Se uma pessoa vira as costas ao Diabo e escolhe Deus, ela será salva pela transbordante graça de Jesus Cristo, será restaurada como filha de Deus e receberá de volta a autoridade que perdera há muito tempo.

Quando Jesus morreu por nós, os enganosos estratagemas do Diabo foram revelados diante da cruz; o Diabo foi derrotado e julgado. Ele perdeu o poder legal de possuir o homem e o mundo. O Diabo, que escravizara a raça humana e roubara o mundo que Deus confiara ao homem, foi condenado pelo amor de Deus revelado na cruz.

A cruz foi para o Diabo uma completa derrota — destruição e ruína de seus planos, um julgamento que teve como resultado sua condenação final e eterna; mediante a morte sacrificial de Jesus Cristo, Deus abriu legalmente o caminho para o perdão e a restauração de toda a humanidade. E o Diabo está incapacitado de impedir aqueles que estão voltando para Deus, à medida que ouvem a nova de salvação e a aceitam. O Diabo pode apenas observar em impotente agonia.

Então, por que Jesus disse que o Espírito Santo convenceria o mundo do juízo? Há dois sentidos nessa afirmação.

Primeiro, mediante o sacrifício de Jesus, Deus perdoa a deslealdade da humanidade e reprova o Diabo que escravizara homens e mulheres tentando usurpar o mundo todo que Deus havia dado a eles.

Segundo, isso é uma maneira de Deus mostrar à humanidade sua reprovação, pois, a despeito do caminho de salvação preparado por ele, o homem muitas vezes não anda nele, porém continua rejeitando o perdão oferecido de graça. Qualquer pessoa que persistir nesta rejeição, o Diabo a privará de seu pleno potencial, e ela terminará indo para o inferno junto com ele.

Sempre que alguém ouve o evangelho e é salvo das garras do Diabo, Satanás sofre. Isso arruína seu reino, e ele não só tenta, com todo seu empenho, impedir que pessoas ouçam o evangelho, como também tenta induzir à destruição aqueles que já o ouviram e nele creram. Mas o Diabo não conseguirá vencer. O perdão e o amor da cruz não mudam, e o Espírito Santo continua a espalhar a verdade de que o Diabo foi derrotado e julgado.

Sabendo todas estas verdades, devemos orar desta maneira: "Senhor, Santo Espírito de Deus, toma-me e enche-me com teu poder. Permita-me pregar o evangelho nas partes mais longínquas da terra. Permita-me pregar que o príncipe deste mundo já foi julgado há dois mil anos e não tem mais domínio sobre a humanidade".

Então, mediante o perdão providenciado por Jesus, homens e mulheres deixarão o território de Satanás, voltarão à presença de Deus e receberão a régia autoridade que foi delegada a Adão e Eva no princípio. Que bênção maravilhosa é essa para a humanidade, e que estarrecedor julgamento é esse para Satanás!

Falando sobre sua eminente morte, Jesus disse: "Agora é o tempo do juízo deste mundo; agora será expulso o príncipe deste mundo" (João 12.31). O Diabo — aquele que mediante pecado e ignorância ganhou a oportunidade de entrar no mundo e tem tido implacável domínio sobre ele — está agora perdendo terreno dia após dia. Por quê? Porque muitos estão recebendo salvação ao ouvir o evangelho.

A cruz de Jesus foi o julgamento completo do Diabo, foi onde seu poder foi totalmente quebrado. Que podemos fazer então, a não ser dar louvores ao nosso Senhor Jesus que nos restaurou para sermos "geração eleita" e "sacerdócio real" (1Pedro 2.9)? Só podemos proclamar, unidos ao Espírito Santo, que o Diabo foi julgado e condenado!

Revelando o plano de salvação

Incrédulos que têm sido convencidos do pecado, justiça e juízo, aqueles que estão sendo encaminhados em toda verdade, devem deixar sua vida pecaminosa e confiar em Jesus pela fé. Porém, muitas vezes, seu raciocínio humano diz-lhes que andar em Cristo é muito difícil. Eles divisam um abismo que pensam ser intransponível. Pessoas que interpretam o espírito apenas pela razão, caem nesse abismo e não conseguem passar pela ponte da fé.

Como incrédulos poderão transpor esse abismo e entrar na bênção maravilhosa que nós cristãos gozamos quando meditamos na Palavra e a pregamos? Lembremo-nos das palavras de nosso Senhor Jesus: "Para os homens é impossível, mas não para Deus" (Marcos 10.27).

Deus realizou esse milagre, que para o homem era impossível, e ainda realiza milagres nos dias de hoje! A Bíblia testifica que a fé não pode ser possuída mediante o sentido humano: "Ninguém pode dizer: Jesus é o Senhor! senão pelo Espírito Santo" (1Coríntios 12.3).

Como trabalha o Espírito Santo para levar incrédulos a aceitarem Jesus como seu Salvador pessoal? Devo admitir que isso só pode acontecer mediante um milagre. Novo nascimento representa verdadeiro milagre, como foi milagre o nascimento de Jesus sem pai humano, nascido da virgem Maria. "Respondeu-lhe o anjo: Descerá sobre ti o Espírito Santo, e o poder do Altíssimo te cobrirá com a sua sombra. Por isso o ente santo que de ti há de nascer, será chamado Filho de Deus" (Lucas 1.35).

A encarnação de Jesus é puro milagre. O mesmo milagre é necessário para Jesus habitar no espírito de uma pessoa. Sem o poder sobrenatural do Espírito Santo, nunca poderíamos crer na obra de graça e redenção de Jesus que é um desafio ao entendimento e à razão.

Quando alguém confessa Jesus como seu Salvador, pode ou não haver sinais imediatos de mudança exterior. Mas a transformação que ocorre no reino espiritual é por demais grandiosa. O Espírito Santo de Deus penetra no espírito da pessoa, e move-se dentro dele de maneira misteriosa, ultrapassando a razão e a imaginação. O próprio Espírito Santo coloca a divina fé (a fé salvadora) no coração daquela pessoa.

Embora a mente dessa pessoa ainda esteja cheia de dúvidas, o Espírito Santo a ajuda a crer com o coração. O poder de crer transborda e transpõe o abismo que existe entre a razão e a fé. Pelo poder do Espírito Santo, a pessoa salva e segura entra na bem-aventurança da fé. Começa então a estudar a Bíblia, orar, ouvir sermões — sempre com o auxílio do Espírito Santo. O alicerce de sua fé se fortalece de tal modo que ela pode entrar no mundo cintilante da verdade, e esse mundo agora pode ser explicado à razão humana e ao intelecto.

Repetindo, a fé cristã não é adquirida mediante entendimento e sabedoria, mas mediante um milagre do Espírito Santo — quando o homem é tocado em seu coração depois de ouvir a Palavra de Deus. Ele começa, então, a cultivar o conhecimento e o entendimento racional.

Como Paulo disse, nenhum homem pode chamar Jesus de Senhor a não ser pelo Espírito Santo. De modo similar, a pregação do evangelho torna-se impossível se não nos associarmos ao Espírito Santo.

Hoje muitas igrejas estão perdendo membros, e muitos cristãos são atormentados por dúvidas, porque o homem tenta pregar o evangelho de forma calculada e com esforço próprio. Isso é impossível! Nós precisamos do Espírito Santo.

Quando tentamos encaminhar incrédulos ao Senhor, devemos, acima de qualquer coisa, orar com fervor pela miraculosa ajuda do Espírito Santo, tornando-nos seus instrumentos e permitindo-lhe usar-nos numa pregação cheia de sua plenitude.

Só depois de tomadas estas atitudes é que poderemos ver, diante de nossos olhos, bênçãos inimagináveis. Poderemos então presenciar rebanhos de pessoas, entrando no mundo abençoado da fé.

Capítulo 5
Os cristãos e o Espírito Santo

Ninguém pode ser salvo sem receber o poder da Palavra de Deus e do Espírito Santo. Depois que a pessoa é salva, para levar vida de fé vitoriosa e para ter crescimento espiritual, terá de buscar o conhecimento da Palavra. Nesse ministério, precisa contar com a ajuda do Espírito.

Muitos cristãos acreditam que a salvação vem quando a pessoa é nascida de novo ao receber o evangelho pregado pelo poder do Espírito Santo. Depois tentam continuar a vida de fé por seu próprio esforço humano. Sofrem verdadeira agonia — pois o bem que querem fazer não conseguem, mas o mal que não querem, esse fazem. No final suspiram e clamam como Paulo: "Miserável homem que eu sou! Quem me livrará do corpo desta morte?" (Romanos 7.24).

Nosso Senhor prometeu muitas vezes que mandaria o Consolador aos cristãos, "para que esteja convosco para sempre" (João 14.16). O "Espírito ajuda as nossas fraquezas" (Romanos 8.26). Assim como Jesus prometeu, sete semanas depois da sua ressureição, enviou-o para esta terra.

De que maneira ele cuida dos cristãos que nasceram de novo mediante a palavra e o Espírito?

Trazendo santidade e ajuda às nossas fraquezas

> "Da mesma maneira também o Espírito ajuda nossas fraquezas. Não sabemos o que havemos de pedir como convém, mas o mesmo Espírito intercede por nós com gemidos inexprimíveis" (Romanos 8.26).

Todo cristão admitirá que o problema do pecado o confronta de maneira angustiante, depois que ele aceita o Senhor Jesus. Em tempos passados quando éramos incrédulos, "todos nós também antes andávamos nos desejos de nossa carne, fazendo a vontade da carne e dos pensamentos. E éramos por natureza filhos da ira, como também os demais" (Efésios 2.3). Então não nos sentíamos culpados, embora vivêssemos em pecado. Por quê? Porque a alma estava morta perante Deus. Mas quando recebemos vida eterna, o pecado torna-se um problema para nós.

Começamos então com indagações: Será que não posso evitar repetidas quedas no pecado, mesmo depois de estar salvo? Não tenho poder de vencer o pecado?

Romanos 7 e 8 cuida dessas questões. Romanos 6 nos ensina a transformação fundamental que ocorre quando uma pessoa crê em Jesus Cristo:

> "Ou não sabeis que todos quantos fomos batizados em Cristo Jesus fomos batizados na sua morte? De sorte que fomos sepultados com ele pelo batismo na morte, para que, como Cristo ressurgiu dentre os mortos, pela glória do Pai, assim andemos nós também em novidade de vida. Se fomos plantados juntamente com ele na semelhança da sua morte, também o seremos na da sua ressurreição. Pois sabemos isto, que o nosso velho homem foi com ele crucificado, para que o corpo do pecado seja desfeito, a fim de não servirmos mais ao pecado; porque aquele que está morto está justificado do pecado. Ora, se já morremos com Cristo, cremos que também com ele viveremos" (Romanos 6.3-8).

Quão maravilhosa e abençoada informação é essa! E ainda perguntam: Que farei para experimentar essa bênção? A resposta é simples. Todos nós cremos e sabemos que recebemos salvação e remissão de pecados pela graça de Deus.

E o que significa essa graça? Graça quer dizer que Deus em pessoa age por nós. Se tentarmos nos salvar ou ajudar Deus a nos salvar, isso não será graça. Graça quer dizer que nós recebemos pela fé o que Deus preparou para nós.

A pessoa que aceitou Jesus Cristo como seu Salvador pessoal é totalmente diferente daquela que aceitou apenas o padrão moral do cristianismo ou seus ritos religiosos. Por meio de Cristo, o velho homem foi crucificado, morto. O homem perseguido, proscrito e caído, filho do primeiro Adão, foi destruído. Com Cristo, nosso último Adão, o homem surgiu como nova pessoa para nova vida.

Essa verdade não termina numa teoria. Tão certo como nasci neste mundo na mesma condição do primeiro Adão, assim Jesus, o Filho de Deus, foi encarnado neste mundo onde viveu por trinta e três anos. E como ele foi crucificado, eu também fui crucificado e sepultado. Ressuscitei uma nova criatura pelo poder da ressurreição de Cristo. Todos os que creem em Jesus Cristo passam por essa experiência.

A Bíblia também nos ordena a mudar nossa atitude e o nosso pensar: "Assim também vós considerai-vos como mortos para o pecado, mas vivos para Deus em Cristo Jesus nosso Senhor" (Romanos 6.11). Nós temos de crer que "se alguém está em Cristo, nova criatura é" (2Coríntios 5.17).

Podemos imaginar porque Paulo em Romanos 7 ainda sofria com o pecado, apesar de no capítulo 6 já ter morrido por meio de Cristo. Paulo sabia que fora sepultado e ressurgira num homem novo e justo.

A razão é simples. Depois que o velho homem morreu e um novo homem ressurgiu, este homem tornou-se dependente do poder e mérito de Cristo. Mas, por não entender bem seu estado de regeneração, caiu de novo em servidão.

Muitos cristãos não sabem que, do mesmo modo que não tínhamos poder para fazer o que era reto quando estávamos em pecado, assim também, depois de nascer de novo, não temos poder em nós mesmos para atingir justiça e santidade. Quando começamos a crer que podemos ser justos e santos por nosso próprio esforço, experimentamos a amarga taça da derrota.

Os descendentes de Adão continuaram presos à ideia de que poderiam decidir tudo por eles mesmos. Mas na realidade serviam ao Diabo como seus escravos e foram arrastados para a ruína.

Cegos, não conseguem sair de sua decepção, nem colocar toda sua confiança em Deus. Convencidos de que podem conquistar salvação e santidade por eles mesmos, desiludem-se porque com certeza não conseguem controlar seus impulsos pecaminosos.

Eu posso ver o cristão de Romanos 7 travando batalha sangrenta contra poderes desiguais, a fim de conseguir viver uma vida de retidão e santidade, tentando guardar a lei, mas sendo derrotado pelo sutil demônio do ego.

Ele está tão centralizado em si mesmo que usa a palavra "eu" 40 vezes naquele capítulo. Que pessoa orgulhosa! Mas no final a Palavra de Deus nos mostra profunda realidade: ninguém tem capacidade de vencer o pecado por si mesmo. O escritor afinal diz: "Miserável homem que eu sou! Quem me livrará do corpo desta morte?" (Romanos 7.24).

A resposta para essa questão é simples, embora só seja apreendida depois que passamos por duras provas. Como a salvação vem somente pelo mérito do Senhor, então a vida de justiça e santidade só será conseguida quando descansarmos por inteiro no poder do Senhor ressurreto que habita em nós.

Em Romanos 8, o apóstolo apresenta a resposta para sua própria pergunta: "Portanto, agora nenhuma condenação há para os que estão em Cristo Jesus, que não andam segundo a carne, mas segundo o Espírito, porque a lei do espírito de vida, em Cristo Jesus, livrou-me da lei do pecado e da morte" (Romanos 8.1-2).

Paulo está dizendo que a vitória pertence àqueles que não estão lutando na esfera de seu próprio esforço. Nós, os que temos recebido nova vida em Cristo — foi ele que venceu o pecado, a morte, o Diabo e a maldição — devemos ser totalmente dependentes do Senhor Jesus que é vida, justiça e santidade. E quando nos revestimos da justiça e santidade de Cristo, a "lei do espírito de vida" que é revelada e dada por meio de Jesus, liberta-nos da "lei do pecado e da morte", de maneira definitiva.

Quando nascemos de novo, nossa direção e propósito de vida mudam. A Bíblia diz: "Pois, quanto a ter morrido, de uma vez morreu para o pecado; mas, quanto a viver, vive para Deus" (Romanos 6.10).

Devemos ter sempre em mente que a vida de Cristo não é vida egocêntrica. Sem dúvida, do começo ao fim é vida vivida "para Deus". Lembremo-nos que Adão escolheu viver para si mesmo. Como resultado, tornou-se um servo do Diabo, a personificação do orgulho.

A razão pela qual cristãos nascidos de novo ainda caem nas malhas de Satanás é que insistem em continuar vivendo para si mesmos, em vez de viverem para Deus.

Enquanto permanecermos nesse erro, não poderemos escapar da luxúria e do pecado. Entretanto, quando nossa primeira prioridade é agradar a Deus em todas as coisas e fazer a sua vontade, quando entendemos pela Palavra de Deus que somos novas criaturas, "vivos para Deus em Cristo Jesus nosso Senhor" (Romanos 6.11), o Espírito Santo nos capacita a produzir abundantemente o fruto de justiça e santidade.

Santidade quer dizer afastar-se do pecado e aliar-se a Deus. Quando nos afastamos de algo, vamos para perto de outra coisa qualquer; se nos afastamos do pecado, não devemos servir a nós mesmos, mas servir a Deus de modo total.

Enquanto passamos por esse processo, o egoísmo de depender de nosso próprio esforço e viver para nós mesmos é quebrado pouco a pouco. Quando uma pessoa depende do poder do Cristo ressurreto, e vive para agradar e servir a Deus, o Espírito de santidade de Deus enche-a com profunda graça de santidade, fazendo-a crescer espiritualmente diante de Deus.

Deus vem até nosso coração através do Espírito Santo, e pela atuação de sua graça em nós, o próprio Deus nos liberta da lei do pecado e da morte e nos capacita a aceitar a lei de Deus. Deus não só nos dá a lei, mas nos reveste de poder divino para que possamos guardá-la por intermédio da presença do Espírito Santo em nós. Aí está a graça!

Por essa razão, o apóstolo Paulo diz, em Gálatas 2.20: "Estou crucificado com Cristo, e já não vivo, mas Cristo vive em mim".

Agora não sou eu quem vive. Cristo, que está em mim, vive, crê e age por mim por meio do Espírito Santo. Sabendo esse preceito, apenas confio que ele está transformando meu coração dia após dia. Eis o que Deus faz por nós e essa é a essência do Evangelho!

Nós não podemos continuar usando esta desculpa: "Na verdade o espírito está pronto, mas a carne é fraca" (Mateus 26.41).

Não nos é suficiente reconhecer o Espírito Santo e crer nele, mas importa na verdade que o recebamos e permitamos que ele nos dê sua plenitude, de maneira que nós automaticamente aceitemos a lei de Deus — não por compulsão exterior, mas pelo poder do Espírito Santo no íntimo do nosso ser. Não é que apenas estejamos com o Espírito Santo, mas ele está incorporado em nós. Ajuda-nos em nossos problemas e vive vida de fé por meio de nós. Como é grandiosa essa verdade!

Ensinando cristãos

Assim como a criança precisa receber ensinamento espiritual, moral e intelectual para crescer e tornar-se um adulto responsável, o cristão nascido de novo também deve ser doutrinado para crescer na fé. Deverá desenvolver-se à semelhança de Cristo. A única pessoa que tem o ministério de ensinar cristãos é o Espírito Santo: "(O Espírito Santo) vos ensinará todas as coisas" (João 14.26).

Nossa tendência é limitar esse ensino ao conhecimento de doutrinas. Porém, o Espírito Santo educa de modo completo a personalidade de um cristão.

Antes de entrarmos para o mundo da fé, toda nossa educação é recebida por meio dos sentidos. Depois que a pessoa nasce de novo, o Espírito Santo cumpre sua função transmitindo uma educação revelada pela Palavra de Deus.

Os ensinamentos ministrados pelo Espírito Santo levam-nos ao ponto básico do que deve ser aprendido. O Espírito Santo ensina cristãos a seguirem Cristo. Ele nos capacita a servir ao Senhor do céu e da terra, dá direção para fazer aquilo que agrada ao Pai celeste. Essa é nossa mais alta prioridade, nisso consiste o verdadeiro valor da dádiva da vida. É fazendo a vontade do Pai que podemos encontrar nossa verdadeira identidade, fé eterna, esperança e amor.

Os ensinos espirituais do Espírito Santo progridem de forma natural em todos os campos da vontade humana, dos sentimentos e da inteligência. Por meio de nossa vontade e nossas emoções, o Espírito Santo dirige-nos para sermos semelhantes a Cristo. Mediante nosso intelecto, leva-nos a compreender os sentidos mais profundos da Palavra de Deus.

Jesus era ao mesmo tempo Deus perfeito e homem perfeito. Entretanto, sua natureza divina já possuía beleza perfeita, mas sua natureza humana necessitava de crescimento. A Bíblia afirma isto: "E crescia Jesus em sabedoria, em estatura e em graça para com Deus e os homens" (Lucas 2.52). E em Hebreus lemos:

> "O qual, nos dias da sua carne, tendo oferecido, com grande clamor e lágrimas, orações e súplicas ao que o podia livrar da morte, e tendo sido ouvido por causa da sua piedade, embora sendo Filho, aprendeu a obediência por meio daquilo que sofreu e, tendo sido aperfeiçoado, veio a ser o autor da eterna salvação para todos os que lhe obedecem" (Hebreus 5.7-9).

Como assinala esta passagem, até a natureza humana de Jesus aprendia a obediência e aperfeiçoava-se mediante problemas e sofrimentos, de acordo com a vontade de Deus. Assim, do mesmo modo, nós cristãos devemos receber os ensinamentos dados pelo Espírito Santo, devemos crescer e aprender dele sobre a vida espiritual.

O ensino do Espírito Santo aos cristãos pode ser dividido em dois métodos: mediante a Palavra de Deus e mediante experiências da vida.

Antes de Jesus deixar este mundo, prometeu repetidas vezes que o Espírito Santo viria para ensinar toda a verdade e capacitar o cristão a entender e viver esse ensinamento (João 16.12-14). Essas promessas do Senhor foram cumpridas na vida dos discípulos, depois do Pentecoste.

Até ali, os discípulos não compreendiam as verdades profundas dos ensinamentos de Jesus. Depois de sua crucificação e ressurreição, a perplexidade deles era indescritível; sentiam-se perdidos, sem rumo. Mas depois de receberem o Espírito Santo, por ocasião do Pentecoste, suas vidas transformaram-se de modo completo. Eles não só se lembravam dos ensinos de Jesus concernentes ao Espírito Santo, como também entenderam o sentido profundo da Palavra de Deus. Assimilaram as verdades aplicando-as no crescimento de suas próprias vidas.

E assim acontece conosco. Embora tentemos estudar e compreender a Palavra de Deus, se não nos enchermos do Espírito Santo, que em contrapartida nos dá maior desejo de aprender, só apreenderemos um amontoado de palavras cujo sentido não nos alcança. Continuaremos confusos, seguindo vida infrutífera, faltando-nos gratidão profunda pela glória de Deus, e esta só pode ser obtida mediante obediência fiel e serviço a Deus.

Não podemos alcançar nosso pleno potencial em Cristo a menos que o Espírito Santo nos conduza a beber o verdadeiro leite e mel da Palavra que é espírito e vida. A razão humana não pode entender a Palavra. Entendimento completo só pode vir por meio da revelação do Espírito Santo.

O Espírito Santo também nos ensina por meio de problemas e experiências do dia a dia. Aprendemos a desejar a vontade de Deus e seguir o exemplo de Cristo. As provas e disciplinas capacitam-nos a reivindicar a verdade como nossa possessão e permitem encontrar profundo entendimento da Palavra.

Não devemos deixar de viver os ensinamentos do Espírito Santo que recebemos por meio das provas e experiências da vida real ou por meio da Palavra de Deus.

Nascer de novo e ser cheio do Espírito Santo compara-se a entrar para a "escola" dele. Nessa escola, não há feriado nem férias. Em todas as situações da vida, o Espírito Santo apresenta Cristo como modelo. Leva-nos a imitar sua vida e participar dela. Muitas vezes durante o dia, o Espírito Santo fala-nos por intermédio da Palavra ou de uma experiência, porque nessa escola sempre estamos em aula.

A Bíblia diz que quando Jesus saiu das águas do batismo, os céus se abriram e o Espírito Santo desceu sobre ele na forma de uma pomba. Então, depois que Jesus voltou do rio Jordão, cheio do

Espírito Santo, foi levado por ele ao deserto para lá permanecer por quarenta dias (Lucas 3.22; 4.1-2), nos quais foi tentado.

É claro que o Espírito Santo não levaria Jesus para ser tentado com a finalidade de destruí-lo. Essa tentação do Diabo serviria para disciplinar Jesus.

De igual modo, o Espírito Santo está conosco e nos ensina em ambas as situações: sentimos a maravilhosa graça e o amor de Deus também quando nos sentimos abandonados num deserto. Ele nos educa de tal maneira que nossa fé — centrada em Deus, dependente da Palavra, do amor e da esperança do céu — possa crescer.

Em circunstância alguma os cristãos que entram para a escola do Espírito Santo devem sentir-se desanimados ou determinados a voltar atrás. A Bíblia nos encoraja dizendo:

> "Meus irmãos, tende por motivo de grande gozo o passardes por provações, sabendo que a prova da vossa fé desenvolve a perseverança. Ora, a perseverança deve terminar a sua obra, para que sejais maduros e completos, não tendo falta de coisa alguma" (Tiago 1.24).

Portanto — se nós vivermos sempre uma vida agradável a Deus e centrada nele, se dependermos sempre do Senhor Jesus — o Espírito Santo, que veio para nos ensinar, fará que cresçamos de tal modo que não ficará nenhuma falha no conhecimento da Palavra nem em nossa fé.

Guiando cristãos

"Porque todos os que são guiados pelo Espírito de Deus são filhos de Deus" (Romanos 8.14).

O Pai celeste enviou seu Espírito para guiar os cristãos que nasceram de novo, ao longo do caminho espiritual. Os filhos de Deus têm se tornado pessoas que pertencem ao mundo espiritual por causa de sua regeneração, muito embora vivam ainda no mundo físico, num tabernáculo de carne. Como alguém pode viver, dia após dia, como um filho da luz neste mundo de trevas?

É um problema difícil que não pode ser solucionado por esforço humano. Porém, o Espírito Santo de Deus resolve esse problema e guia os cristãos para uma vida vitoriosa.

Como acontece esse processo? Um grande problema que os cristãos enfrentam hoje refere-se à liderança. O Espírito Santo é quem os comanda ou eles se autodirigem?

Quando cristãos consultam-me sobre problemas de fé, ou quando solicitam oração, sempre procuro olhar bem dentro de seus olhos, e muitas vezes descubro que não estão buscando ajuda de maneira efetiva. Eles já monopolizaram a liderança de suas vidas. Fizeram seus próprios planos e tomaram suas decisões, depois pedem ao Espírito Santo que desça e abençoe o projeto. Esse tipo de cristão não permite ser guiado pelo Espírito Santo, eles mesmos são seus guias.

Para sermos dirigidos pelo Espírito Santo, necessitamos entender o relacionamento entre o Espírito Santo e nós mesmos. O pecado fundamental do homem, cometido contra Deus, foi menosprezar a ordem cósmica e usurpar o lugar de Deus. O homem serve e ama a si mesmo, vivendo de maneira orgulhosa. Não só se recusa a reconhecer a Deus, como também rebela-se contra ele e o abandona.

Existem muitas pessoas que creram no Senhor Jesus e nasceram de novo, mas continuam cheias dessa raiz do maligno que é o orgulho. Tentam tirar vantagem de Deus e tentam usá-lo quando têm necessidade — como se ele estivesse ali para um único propósito, o de abençoá-las.

Nunca poderemos nos comunicar de modo satisfatório com o Espírito Santo se não compreendermos seu objetivo no mundo e em nossas vidas. Se quisermos ser guiados por Deus de forma maravilhosa não devemos apenas crer em Jesus e receber a remissão de pecados, devemos também permitir que o Espírito Santo corte fora, definitivamente, as raízes de orgulho. Então, devemos curvar-nos diante do trono, em rendição completa a Deus sem qualquer condição ou reserva (alma, mente, corpo, vida — presente, passado e futuro).

Devemos permitir que o Espírito Santo seja livre para agir por meio de nós com a finalidade de agradar a Deus e não a nós mesmos — tudo para o propósito de Deus e não para o nosso.

Não havendo drástica transformação, a liderança maravilhosa que o Espírito Santo pode proporcionar em todas as áreas de nossa vida só se dará ocasionalmente.

Os cristãos devem entender que o Criador colocou determinada ordem no Universo. Por que nós, criaturas, procuramos tirar vantagem do Criador tentando ser iguais a ele e exaltando-nos a nós mesmos? Orgulho é pecado. Acarreta tristeza e maldição.

Quando chegarmos diante da presença de Deus, nunca deveremos tentar fazer com que Deus desça ao nosso nível. Para Deus, orgulho cheira como carne em putrefação. Por meio de Cristo, Deus toma o controle de nossas vidas; pelo poder do Espírito Santo, purifica e quebra nosso orgulho e, depois, completa sua obra em nós.

Esse é o segredo de ser guiado pelo Espírito. A declaração de fé do apóstolo Paulo: "já não vivo, mas Cristo vive em mim" (Gálatas 2.20) é a base de vida para cristãos sinceros e verdadeiros. Quando esperamos em Deus e o servimos como servos prostrados diante do Mestre, ele não nos guia de forma superficial; apossa-se e vive em nós. Dessa maneira, podemos realmente descansar, ter alegria, firme crença e vida de esperança. Quando sabemos que Deus, por meio do Espírito Santo, governa e dirige todas as áreas de nossa vida, podemos cantar jubilosos mesmo quando nossos dias surjam como noites tenebrosas.

O Espírito Santo que veio para nós trabalha para transformar nossa vida dessa maneira. Quando nos rendemos a ele de forma natural, tornamo-nos gloriosos filhos de Deus "guiados pelo Espírito de Deus", como descrito em Romanos 8.14. Além do mais, todos os filhos e filhas estão qualificados e capacitados a serem guiados pelo Espírito de Deus. Louvado seja seu nome!

Consolando cristãos

Você já se sentiu dilacerado pelos anseios da vida? E quando pensava que iria fracassar, ouvia palavras ternas de conforto e ânimo dos pais queridos, da família ou amigos chegados, certo? Consolo é como óleo derramado sobre feridas, dá uma coragem renovada.

Contudo, há limite para o conforto humano. Existem abismos de desespero que o conforto humano não pode alcançar; há horas em que só Deus nos pode valer.

Antes de Jesus deixar este mundo, prometeu aos discípulos tristes e desesperançados: "Não vos deixarei órfãos, virei para vós" (João 14.18). Enquanto Jesus estava com eles, ele não era só o infalível Senhor; era um Consolador que cuidava deles. Jesus os provia de alimento, os curava e guardava dos ataques do inimigo. Mas quando Jesus deixou-os, sentiram-se como órfãos inconsoláveis. Eles não entenderam a promessa de Jesus: "Eu rogarei ao Pai, e ele vos dará outro Consolador, para que esteja convosco para sempre" (João 14.16). É nessa passagem que o Espírito Santo é chamado de Consolador. No dia de Pentecoste, os discípulos foram todos cheios com o Espírito Santo e começaram a falar outras línguas, à medida que o Espírito lhes dava o dom da palavra. Depois dessa maravilhosa experiência, seus corações se encheram de conforto, paz e coragem. O Espírito Santo, o Consolador, estava dentro deles.

Daquele dia em diante, não conheceram mais solidão nem tristeza, tampouco opressões emocionais ou desespero, apesar de terem sido caluniados, espancados e postos em prisão. O Espírito Santo estava lá, suprindo-os com o infinito conforto de Deus. Podiam louvar a Deus mesmo em aflição e tribulação.

Como poderia Estêvão, o primeiro mártir do cristianismo, possuir tanta calma a ponto de abençoar os que o apedrejavam em vez de os amaldiçoar? Era porque o coração de Estêvão estava cheio de conforto. Como poderiam Paulo e Silas na prisão de Filipos — espancados, famintos e acorrentados — louvar a Deus no meio da noite? Porque seus corações transbordavam com a consolação do Espírito Santo.

Lembram-se do restante da história? Deus respondeu aos louvores e orações de Paulo e Silas, provocando um terremoto que abalou os alicerces da prisão; todas as portas foram abertas. As correntes que prendiam Paulo e Silas soltaram-se, e eles foram libertos. Pela manhã, a família do carcereiro foi salva. O Espírito Santo veio e deu conforto profundo às almas dilaceradas, feridas e sofridas.

O apóstolo Paulo escreveu aos coríntios a respeito do conforto, mediante o poder do Espírito Santo:

> "Bendito seja o Deus e Pai de nosso Senhor Jesus Cristo, o Pai das misericórdias e Deus de toda a consolação, que nos consola em toda a nossa tribulação, para que também possamos consolar os que estiverem em alguma tribulação, com a consolação com que nós mesmos somos consolados por Deus. Pois como as aflições de Cristo transbordam para conosco, assim também a nossa consolação transborda por meio de Cristo" (2Coríntios 1.3-5).

O conforto vindo de Deus por meio do Espírito Santo permite superar tribulações e provações.

Na primeira igreja que fundei, havia uma senhora idosa que enviuvara quando ainda jovem. Com muito sacrifício e sofrimento conseguiu criar uma filha. Quando ela se casou, a mãe foi morar com ela para tomar conta da casa. Com o nascimento de uma criança, o coração da filha ficou debilitado. Aquela mãe orou com fé a Deus pedindo a cura de sua filha. A viúva teve a experiência da plenitude do Espírito Santo, mas a filha morreu.

Parecia que o mundo daquela mãe desabara. Pela filha, ela sacrificara seus próprios anseios de vida, e agora a filha partira. Que palavras poderiam confortar essa mulher no profundo de seu desespero?

Quando o corpo sem vida de sua filha era velado em casa, como é o costume na Coreia, fui chamado para dirigir o ofício fúnebre. Quando entrei ali, senti que havia algo diferente. Antes, a mãe estivera inconsolável, agora o rosto daquela anciã estava radiante e não desesperado. Ela chegou até a me confortar, ao servo do Senhor, dizendo que não devíamos ficar preocupados pela morte da filha, pois ela fora para sua morada eterna no céu. Assegurou-me que sua jovem filha descansava nos braços de Deus. Ela entoava louvores com tanto poder que chegou a dançar jubilosa. Quem poderia ter lhe dado esse consolo transbordante?

Só o Espírito Santo pode curar as feridas do sofrimento, derramando óleo sobre elas. O Espírito Santo nos dá o poder para permanecer em pé e marchar em frente, entoando um hino de triunfo.

Quando somos cheios com o Espírito Santo e aprendemos a andar com ele, o consolo profundo, que o mundo não conhece nem entende, transborda em nossas almas. Receberemos nova força para superar quaisquer circunstâncias. Tornamo-nos cristãos que podem oferecer alívio para qualquer pessoa atingida pela aflição.

Confirmando que somos filhos de Deus

"Porque sois filhos, Deus enviou aos nossos corações o Espírito de seu Filho, que clama: Aba, Pai" (Gálatas 4.6).

Ser pai quer dizer ser o autor da vida de uma criança e a causa da existência desse ser. Somente um homem pode ser meu pai, nesse sentido da palavra.

Mas Deus também é meu Pai na fé — o autor e a causa de meu novo nascimento. Nossa fé cristã não é uma religião como muitos interpretam de maneira errada. Podemos chamar religião ao nascimento de uma criança?

A fé cristã não é uma religião, mas uma experiência com o Senhor Jesus Cristo. Passei pela experiência do novo nascimento, nasci de Deus. Deus tornou-se meu Pai, e eu me tornei seu filho. Todos os passos de crescimento que damos na igreja (lições que precedem ao batismo, o batismo em si, a igreja e seus membros, os ritos) são auxílios externos para tornar-nos melhores filhos de Deus; mas isso tudo não é o mesmo que ser nascido na família de Deus, pelo poder do Espírito Santo.

Nós lemos no evangelho de João:

> "Mas, a todos os que o receberam, àqueles que creem no seu nome, deu-lhes o poder de serem feitos filhos de Deus — filhos nascidos não do sangue, nem da vontade da carne, nem da vontade do homem, mas de Deus" (João 1.12-13).

Como essa palavra mostra, não podemos tornar-nos filhos de Deus por nosso sangue nem pela vontade da carne, nem do homem, por mais que o tentemos. Você é nascido como um filho de Deus, apenas quando nasce de novo pelo poder do Espírito. Sem a experiência de um coração lavado, você não tem autoridade para tornar-se um filho de Deus.

Tiago 1.18 diz: "Segundo a sua vontade, ele nos gerou pela palavra da verdade, para que fôssemos como que primícias das suas criaturas". Você é nascido de Deus quando recebe sua Palavra pelo poder do Espírito Santo.

Jesus mesmo disse a Nicodemos:

> "Em verdade, em verdade te digo que quem não nascer de novo, não pode ver o reino de Deus. Perguntou-lhe Nicodemos: Como pode um homem nascer, sendo velho? Poderá voltar ao ventre de sua mãe, e nascer? Jesus respondeu: Em verdade, em verdade, te digo que aquele que não nascer da água e do Espírito, não pode entrar no reino de Deus. O que é nascido da carne, é carne, mas o que é nascido do Espírito, é espírito" (João 3.3-6).

Nascemos de Deus como filhos espirituais, mediante sua Palavra pelo poder do Espírito Santo, do mesmo modo como nascemos de nossos pais carnais, recebendo vida física.

Quando nascemos de novo, o Espírito Santo nos revela nosso relacionamento íntimo com Deus, nosso Pai.

Uma senhora que conheço contou-me a seguinte história: Sua irmã não tinha filhos, então ela mandou sua própria filha à casa dessa irmã para ser adotada por ela. Mas a filha não conseguia chamar sua tia de "mãe". Embora tivesse havido grande tentativa para persuadir a menina a pronunciar a palavra "mãe" quando se dirigia à tia, ela só conseguia balbuciar sons inarticulados. Recusando-se a chamar sua tia de "mãe", não pôde tornar-se sua filha adotiva.

Esse mesmo relacionamento de parentesco funciona na área espiritual. Mediante a palavra e o Espírito Santo, começamos a chamar Deus "Aba Pai", porque assim nos guia o instinto dentro de nosso coração.

A Bíblia mostra que o Espírito Santo de Deus está fazendo esse trabalho. Em Romanos 8.15-16 lemos:

> "Pois não recebestes o espírito de escravidão para outra vez estardes em temor, mas recebestes o espírito de adoção, pelo qual clamamos: Aba, Pai! O mesmo Espírito testifica com o nosso espírito que somos filhos de Deus".

Em nosso coração pela revelação do Espírito Santo, sabemos que Deus tornou-se nosso Pai e nós filhos seus.

Essa certeza não vem por intermédio de ritos de qualquer igreja, mas por intermédio do Espírito Santo, que vem sobre nosso coração e nos faz essa revelação. Sem a atuação do Espírito Santo, só conseguiremos ser pessoas religiosas, não filhos verdadeiros de Deus. Podemos ser cristãos, mas não membros da família de Deus.

Muitas igrejas, hoje, são frias e não possuem amor fervoroso a Deus, porque os membros as frequentam como meros religiosos — sem a fé alicerçada na revelação do Espírito, de que Deus se lhes tornou Pai.

A verdade penetra em nosso coração, não pela força nem pelo poder, mas pela revelação do Espírito Santo quando nascemos de novo, mediante o Espírito de Deus.

Capítulo 6
O batismo do Espírito Santo

A regeneração é primordial

Jesus referia-se à regeneração quando disse a Nicodemos, "Necessário vos é nascer de novo" (João 3.7).

Nicodemos era mestre dos fariseus, um grupo de judeus que levava muito a sério a Lei e os ritos religiosos. Não encontrando veracidade e satisfação em sua religião, procurou Jesus durante a noite. Em resposta à pergunta de Nicodemos, Jesus fez uma perturbadora declaração: "quem não nascer de novo, não pode ver o reino de Deus" (João 3.3). Esse mestre tentava entrar no reino de Deus guardando a Lei e os ritos religiosos, cultivando virtudes mediante seu próprio padrão. Todo esse árduo trabalho ruíra em minutos.

Perplexo, Nicodemos perguntou impetuosamente: "Como pode um homem nascer, sendo velho? Poderá voltar ao ventre da sua mãe, e nascer?" (João 3.4).

Jesus respondeu essa questão explicando de modo claro a lei do renascimento: "Em verdade, em verdade, te digo que aquele que não nascer da água e do Espírito, não pode entrar no reino de Deus. O que é nascido da carne, é carne, mas o que é nascido do Espírito, é espírito. Não te maravilhes de eu te dizer: Necessário vos é nascer de novo" (João 3.5-7).

Aqui Jesus ensinou que a salvação não pode ser adquirida por esforço próprio, ou vivendo uma vida melhor ou com celebrações religiosas. Sem duvida, ela só acontece quando o renascimento é produzido por Deus no cerne da vida de uma pessoa.

Deve acontecer algo inédito. Pensemos desta maneira: Por melhor que um macaco consiga imitar o homem, ele nunca poderá tornar-se um ser humano, porque macacos são, em sua essência, diferentes dos seres humanos, até mesmo em sua existência.

João 1.13 declara que, para nos tornarmos filhos de Deus, é preciso nascer dele: "filhos nascidos não do sangue, nem da vontade da carne, nem da vontade do homem, mas de Deus".

Portanto, salvação significa que um homem de carne nasce de novo mediante o Espírito Santo; pela graça de Deus e na sua essência torna-se um ser espiritual. Isso é o que Deus faz pelo homem. Salvação só é possível pelo dom de Deus.

Por meio desse dom, nos tornamos "participantes da natureza divina" (2 Pedro 1.4), mediante a graça de Deus, e temos a vida eterna de Deus.

O que significa, então, Deus capacitar pecadores a nascerem de novo pela água e pelo Espírito Santo?

Algumas pessoas insistem que "nascidos da água" nesse contexto quer dizer o batismo físico nas águas. Mas a Bíblia atribui importância ainda maior para o significado dessa frase. Não quero dizer com isso que o batismo nas águas seja um ato desnecessário. Por acaso Deus ordenaria algo desnecessário?

O significado de água aqui é, acima de tudo, "lavar". A Bíblia ensina que nós somos lavados pela Palavra de Deus. Jesus disse a seus discípulos: "Vós já estais limpos, por causa da palavra que vos tenho falado" (João 15.3), e Paulo escreveu: "Para a santificar, purificando-a com a lavagem da água, pela palavra" (Efésios 5.26).

Quando Jesus diz que devemos "nascer da água e do Espírito", ele se refere à Palavra de Deus e ao Espírito Santo. Quem mais pode ser a Palavra de Deus, a não ser o próprio Jesus (João 1.1-2,14)?

Além disso, em sua conversa com o hesitante Nicodemos, Jesus referiu-se a si mesmo: "Assim como Moisés levantou a serpente no deserto, da mesma forma importa que o Filho do homem seja levantado, para que todo aquele que nele crê tenha a vida eterna" (João 3.14-15).

Somente o sangue precioso de Jesus, que é a Palavra viva, pode limpar-nos — e esse sangue é a própria palavra que nos lava.

Jesus disse que nascemos de novo "da água" — ou da Palavra — "e do Espírito". Então, o que é que o Espírito Santo faz?

Ezequiel 36.26 descreve de maneira bela, como pecadores são transformados em novas criaturas pelo Espírito de Deus: "Dar-vos--ei um coração novo, e porei dentro em vós um espírito novo; tirarei de vós o coração de pedra, e vos darei um coração de carne" (veja também Ezequiel 11.19).

Hoje nosso Salvador Jesus Cristo não pode ser compreendido, nem explicado a não ser mediante o Espírito Santo, o autor do milagre da salvação.

Ele é o agente administrativo da salvação de Deus, que nos convence de nosso pecado mediante a Palavra e o Cristo nela revelada. O Espírito Santo torna-se nossa justiça, declarando o julgamento de Satanás (João 16.8).

Em João 16.14, Jesus mostra que ele se revela por meio do Espírito Santo: "Ele me glorificará porque há de receber do que é meu, e vo-lo há de anunciar".

O Espírito se incumbe do novo e criativo trabalho, que transforma a pessoa fazendo-a receber vida eterna e a natureza de Deus.

Mas ele vai um passo além da regeneração — chega ao batismo.

Regeneração não é a mesma experiência do batismo do (ou com o) Espírito Santo. Claro que regeneração e batismo do Espírito podem acontecer ao mesmo tempo. Mas há casos em que existe um intervalo de tempo entre as duas experiências. Vejamos, através da Bíblia, a diferença entre regeneração e batismo do Espírito Santo.

Na Bíblia, há clara menção de cristãos nascidos de novo que não haviam recebido o batismo do Espírito Santo.

Antes da morte de Jesus, seus discípulos já haviam recebido a vida eterna. Por Jesus tê-los chamado pessoalmente, eles o obedeceram e creram que ele era o Filho de Deus.

Jesus disse: "Em verdade, em verdade vos digo que quem ouve a minha palavra e crê naquele que me enviou, tem a vida eterna" (João 5.24). Jesus também testificou, em João 13.10, que seus discípulos estavam todos limpos, exceto Judas Iscariotes. E quando os setenta discípulos voltaram do campo de pregação e contaram a Jesus como os demônios se sujeitaram a eles, Jesus admitiu que os setenta discípulos já haviam recebido vida eterna (Lucas 10.20).

Mas Jesus não disse que receberam o batismo do Espírito Santo, no momento em que eles creram (como alguns teólogos hoje ensinam). Está bem claro que ainda não tinham recebido a plenitude do Espírito. Antes de Jesus subir ao céu, pediu aos discípulos que ainda não se afastassem de Jerusalém: "mas esperai a promessa do Pai, a qual, disse ele, de mim ouvistes. Pois João batizou com água, mas vós sereis batizados com o Espírito Santo, não muito depois destes dias" (Atos 1.4-5).

Alguns concordam que os discípulos necessitavam do batismo do Espírito Santo, apenas porque se converteram antes do Pentecoste. Seu argumento é que, qualquer pessoa que se converta depois do Pentecoste (onde e quando nasceu a igreja e o Espírito Santo desceu), recebe o batismo do Espírito Santo junto com a conversão.

No entanto, o Novo Testamento mostra que essa teoria não é certa. Atos 8.5-13 descreve a cena do diácono Filipe, pregando o evangelho em Samaria. As pessoas lá "unanimemente, prestavam atenção ao que Filipe dizia, porque ouviam e viam os sinais que ele fazia". Como resultado, "os espíritos imundos saiam de muitos que os tinham, clamando em alta voz, e muitos paralíticos e coxos eram curados. Havia grande alegria naquela cidade". E o texto continua, dizendo que grande número de homens e mulheres creram no evangelho e foram batizados.

Mas a passagem seguinte diz que apesar de crerem e serem batizados, não foram ao mesmo tempo cheios do Espírito Santo:

> "Ouvindo os apóstolos que estavam em Jerusalém que Samaria recebera a palavra de Deus, enviaram para lá Pedro e João. Quando chegaram, oraram por eles para que recebessem o Espírito Santo, porque sobre nenhum deles tinha ainda descido, mas somente eram batizados em nome do Senhor Jesus. Então lhes impuseram as mãos, e receberam o Espírito Santo" (Atos 8.14-17).

Isso indica que crer e nascer de novo é bem diferente de receber o Espírito Santo.

Atos 9.5-17 apresenta uma vívida narração da conversão de Paulo e a experiência de receber a plenitude do Espírito Santo, fatos que não aconteceram de modo simultâneo.

Portador de uma carta do sumo sacerdote para as sinagogas de Damasco, Saulo e seus companheiros foram para essa cidade a fim de perseguir e fazer prisioneiros os crentes em Jesus.

Mas quando ele e seus companheiros se aproximavam de Damasco "subitamente o cercou um resplendor de luz do céu", a qual o cegou. Tendo ouvido a voz de Jesus, Saulo caiu por terra e confessou que Jesus era o Senhor. Entrou em Damasco como um homem diferente, obedecendo a Deus.

Saulo jejuou e orou por três dias. Vemos assim que se tornara nova criatura em Cristo. Então, Ananias impôs suas mãos sobre ele e orou para que fosse cheio com o Espírito Santo, e assim aconteceu.

Outro exemplo é a igreja em Éfeso, que se estabelecera pela eloquente pregação de Apolo. Mas quando Paulo visitou aquela igreja, encontrou-a fraca e em grande confusão. A primeira pergunta que Paulo fez, foi: "Recebestes vós o Espírito Santo quando crestes?" (Atos 19.2). Paulo sabia que se eles tivessem recebido o Espírito Santo, não estariam tão incapacitados, tão fracos e sem poder, contando apenas com uma dúzia de membros.

Se os cristãos sempre recebessem o Espírito Santo na mesma hora em que cressem, por que teria Paulo feito uma pergunta desnecessária: "Recebestes vós o Espírito Santo quando crestes?" Chegarmos à fé não quer dizer que recebamos, de modo automático, a plenitude do Espírito Santo. Isso é algo pelo qual o cristão deve orar e pedir.

De fato, cristãos cheios do Espírito Santo, no primeiro século, entendiam que aqueles que não tivessem essa mesma plenitude, não tinham também qualificação necessária para o trabalho na igreja. Por causa disso, novos cristãos, como regra, oravam com fervor para receber o Espírito Santo.

Antes dos cristãos de Éfeso receberem o Espírito Santo, a igreja era miseravelmente fraca e doente. Mas, depois que as pessoas receberam a plenitude do Espírito Santo, por meio do ministério de Paulo, uma vitalidade maravilhosa e poder de fé explodiu no meio deles. Dentro de pouco tempo, essa igreja tornou-se famosa, expandindo a Palavra de Deus para toda a Ásia Menor.

Quando levamos todos esses pontos em consideração, podemos ver que regeneração e batismo com o Espírito Santo são duas experiências distintas.

Regeneração é a experiência de receber vida do Senhor e ser enxertado no corpo de Cristo, mediante o Espírito Santo e as Escrituras. O batismo do Espírito Santo é a experiência na qual Jesus preenche os cristãos com poder de Deus para ministério, serviço e vida vitoriosa.

Regeneração garante a uma pessoa a vida eterna, enquanto o batismo do Espírito Santo garante aos cristãos regenerados poder de Deus para pregar a Cristo.

Se cristãos hoje não são cheios de poder, nem saudáveis ou espirituais, não é porque não nasceram de novo, mas porque não receberam a plenitude do Espírito Santo, extraordinário poder de Deus para o trabalho.

Sem o batismo do Espírito Santo, a igreja de hoje nunca poderá manifestar o poder de Deus, como acontecia com a igreja primitiva — poder vitorioso, combativo e desafiador para evangelizar uma geração. Por essa razão, devemos renunciar a insensata, fraca e letárgica desculpa de que todos os cristãos recebem a plenitude do Espírito Santo no mesmo instante em que aceitam Jesus. Sem dúvida, devemos orar para receber a plenitude do Espírito Santo.

Que é que Deus promete?

Se um cristão precisa de poder e autoridade para levar avante o ministério e serviço de Deus, ele deve ser batizado com o Espírito Santo.

Nos tempos do Antigo Testamento, Deus dava maravilhosa unção do Espírito Santo (que corresponde ao batismo do Espírito, nos dias de hoje) para seus vasos escolhidos: reis, sacerdotes, juízes, profetas e libertadores dos israelitas, os quais Deus usava de acordo com sua vontade. Naqueles tempos, só algumas pessoas eram ungidas com o poder de Deus; assim, pessoas comuns não podiam nem sonhar com tal graça.

Mas Deus profetizara que no futuro, o chamado à salvação seria para todos os povos; daria também a unção do Espírito Santo a todos que respondessem a esse chamado.

Uma das mais vívidas destas profecias está em Joel:

> "E depois derramarei o meu Espírito sobre toda a carne, e os vossos filhos e as vossas filhas profetizarão, os vossos velhos terão sonhos, os vossos jovens terão visões. Até sobre os servos e sobre as servas naqueles dias derramarei o meu Espírito" (Joel 2.28-29).

O ponto excelente e maravilhoso dessa profecia é que Deus declarou por meio do profeta Joel que, no futuro, ele proporcionaria salvação não só para Israel, mas para todos os povos de todas as nações e raças. Daria plenitude do Espírito Santo a todas as pessoas.

Joel foi um profeta de Judá que viveu mais ou menos setecentos e setenta anos antes de Cristo. Os judeus daqueles dias eram extremamente exclusivistas: o povo escolhido de Deus era o povo israelita. Deus Jeová não era Deus dos gentios; por conseguinte, não podia ser o Salvador dos gentios.

Dentro de um clima assim, essa profecia diz que, no futuro, Deus daria seu Espírito, não só para o povo judeu mas para toda humanidade. Não haveria distinção de sexo ou idade. Depois, Deus também prometeu que daria o Espírito a servos e servas humildes, a prisioneiros de países estrangeiros, a escravos comprados com dinheiro — pessoas maltratadas e desprezadas, do nível social mais inferior da sociedade judaica.

Então, mais ou menos cerca de oitocentos anos mais tarde, essa profecia foi literalmente cumprida.

Quarenta dias depois que Jesus ressurgiu dos mortos, ordenou que seus discípulos permanecessem em Jerusalém:

> "E, certa ocasião, estando comendo com eles, ordenou--lhes: Não vos ausenteis de Jerusalém, mas esperai a promessa do Pai, a qual, disse ele, de mim ouvistes. Pois João batizou com água, mas vós sereis batizados com o Espírito Santo, não muito depois destes dias" (Atos 1.4-5).

Essas palavras deixam claro que a profecia de Joel e a voz de João Batista no Jordão — "Eu na verdade vos batizo com água, mas vem aquele que é mais poderoso do que eu, a quem não sou digno de desatar a correia das sandálias. Ele vos batizará com o Espírito Santo e com fogo" (Lucas 3.16) — referem-se à vida e missão de Jesus.

Os discípulos de Jesus, seguindo sua ordem, reuniam-se no cenáculo em Jerusalém e continuavam a orar. O calendário judaico conta-nos quanto tempo eles permaneceram em oração. Jesus morreu na ocasião da festa da Páscoa. O Espírito Santo desceu sobre os discípulos no dia de Pentecoste. Essa festa é celebrada cinquenta dias depois da Páscoa. Jesus apareceu aos discípulos durante quarenta dias entre sua ressurreição e ascensão. Então, os discípulos reuniram-se em Jerusalém para oração, durante mais ou menos dez dias.

A Bíblia descreve o maravilhoso milagre realizado entre os discípulos no dia de Pentecoste:

> "Cumprindo-se o dia de Pentecoste, estavam todos reunidos no mesmo lugar. De repente veio do céu um som, como de um vento impetuoso, e encheu toda a casa onde estavam assentados. E vieram línguas repartidas como que de fogo, as quais pousaram sobre cada um deles. Todos foram cheios do Espírito Santo, e começaram a falar em outras línguas, conforme o Espírito Santo lhes concedia que falassem" (Atos 2.14).

Pedro, logo após haver recebido o batismo do Espírito Santo, foi rodeado por grande multidão. Levantando sua voz afirmou que o que estava ocorrendo ali era a confirmação da profecia de Joel, feita oitocentos anos atrás — que Deus derramaria seu Espírito sobre toda carne.

Nesse discurso de Pedro, referindo-se ao que o profeta dissera, o Espírito Santo elucidou o marco do tempo (onde Joel diz "depois") ao dizer "nos últimos dias". Temos a indicação de que os últimos dias começaram quando Jesus subiu ao céu. O tempo é chegado, pois Deus está derramando seu Espírito sobre toda carne.

Pedro fez promessas ainda mais maravilhosas, àqueles que o ouviam pregar:

"Arrependei-vos, e cada um de vós seja batizado em nome de Jesus Cristo, para perdão dos pecados. E recebereis o dom do Espírito Santo. A promessa vos diz respeito a vós, a vossos filhos, e a todos os que estão longe — a tantos quantos Deus nosso Senhor chamar" (Atos 2.38-39).

Examinemos essa passagem dividindo-a em partes.

Primeiro, essa palavra contém uma promessa *nacional* aos judeus: "e cada um de vós" refere-se aos judeus que estavam ouvindo a pregação de Pedro.

Segundo, Pedro faz uma promessa à *futura geração* do povo judeu: "a promessa vos diz respeito a vós, a vossos filhos".

Terceiro, a promessa atinge *o mundo todo*: "e a todos os que estão longe". Rabinos judeus daquela época usavam esta expressão quando falavam sobre gentios, pagãos ou estrangeiros.

Quarto, a promessa refere-se a *todos os tempos*: "a tantos quantos" aplica-se a todos, não importando nação, raça, sexo, idade, ou possessões — até o fim dos tempos, quando Cristo voltará à terra. Que promessa maravilhosa: Deus tem derramado o Espírito Santo não somente nos dias dos apóstolos, mas a partir do tempo da graça, até hoje.

Fenômenos que acompanham o Espírito

Examinando registros bíblicos das experiências pessoais dos que eram batizados com o Espírito Santo, verificamos fenômenos reais que eram evidenciados quando o Espírito Santo descia.

Muitos cristãos, quando querem receber o batismo do Espírito Santo, fazem uma pergunta sincera: Qual é a evidência que me dá a certeza de ter sido batizado com o Espírito Santo?

Sei que tentei todos os meios, e não deixei uma pedra sem ser revirada, orando fervorosamente para receber o Espírito Santo. Durante esse período, gozava às vezes de uma paz maravilhosa e alegria no coração. Podia, algumas vezes, pregar o evangelho com ousadia nas feiras livres, em ônibus ou táxis. Com frequência sentia que a palavra de Deus era doce como mel. Apesar de tudo isso, não tinha certeza em meu coração de que recebera a plenitude do Espírito, e nem sabia o porquê.

Cheio de indagações, visitei muitos servos de Deus respeitáveis, mas não consegui receber resposta satisfatória. Afinal, decidi buscar a resposta na Palavra de Deus. Mas onde na Bíblia poderiam ser encontrados os ensinos concernentes ao batismo do Espírito Santo?

O material parecia limitado. No Antigo Testamento e nos Evangelhos. "O Espírito Santo ainda não fora dado, porque Jesus ainda não havia sido glorificado" (João 7.39). Nas epístolas, o ensinamento é dirigido mais para os cristãos que já haviam recebido a plenitude do Espírito; não contêm passagens explícitas de batismo do Espírito Santo.

Cenas desse tipo são descritas apenas em Atos; então, decidi estudar esse livro com o coração aberto, sincero e sem preconceito.

Como resultado daquele estudo, a verdade da Palavra de Deus tornou-se tão clara para mim como a luz do sol; e a plenitude do Espírito Santo que experimentei foi acompanhada de indubitável evidência. Os sentimentos profundos que a princípio senti, ao receber a plenitude do Espírito Santo, tornaram-se ainda mais profundos à medida que o tempo passava.

Examinemos os relatos dos santos, em Atos, que receberam o batismo do Espírito Santo.

Pentecoste

O incidente mais marcante foi o batismo do Espírito Santo ocorrido em 120 discípulos, no dia de Pentecoste.

Quando receberam a plenitude do Espírito Santo, entenderam, sem dúvida alguma, que haviam recebido o dom pelo qual Jesus dissera para esperar. De outro modo, por que teriam parado de esperar, saindo a campo para a pregação do evangelho? De acordo com a Bíblia, 120 discípulos sem exceção estavam convictos que já haviam recebido o Espírito Santo. Essa plenitude lhes dera não só a experiência exterior, mas também uma certeza interior sobre o que acontecera.

Consideremos os fenômenos que ocorreram no cenáculo, quando o Espírito Santo desceu no Pentecoste (Atos 2.24).

1. "De repente veio do céu um som, como de um vento impetuoso."

2. "E viram línguas repartidas, como que de fogo, as quais pousaram sobre cada um deles."

3. "Todos foram cheios do Espírito Santo, e começaram a falar em outras línguas, conforme o Espírito Santo lhes concedia que falassem."

Pela progressão acima, podemos ver que antes dos discípulos experimentarem o batismo do Espírito Santo, ouviram um som como de vento e viram línguas como de fogo. Então, o sinal de falar em outras línguas acompanhou a experiência do recebimento da plenitude do Espírito Santo.

Com sinais tão evidentes, a experiência dos 120 discípulos do batismo do Espírito Santo era por certo inquestionável. Ciente do que estava acontecendo, Pedro, o representante deles, falou diante da multidão que ali se reuniu. Dissertando sobre Jesus, Pedro disse: "Exaltado pela destra de Deus, e tendo recebido do Pai a promessa do Espírito Santo, derramou isso que vós agora vedes e ouvis" (Atos 2.33).

O apóstolo estava dizendo que havia prova objetiva da experiência do batismo do Espírito Santo.

Nós também devemos testemunhar nossa experiência da plenitude do Espírito Santo, não em termos gerais, mas como Pedro o fez, de maneira que todos possam ver e ouvir. Se não tivermos prova evidente — se continuarmos a luta espiritual na incerteza de haver ou não recebido o Espírito Santo — como poderemos nos tornar testemunhas cheias de coragem e poder?

Samaria

O livro de Atos menciona outra experiência da plenitude do Espírito Santo — em Samaria.

Depois que o diácono Estêvão foi martirizado em Jerusalém, começou grande perseguição contra a igreja. A maior parte dela, exceto os apóstolos, espalhou-se por todas as regiões da Judeia e de Samaria.

Filipe foi para Samaria e pregou ali sobre Cristo. Como resultado, muitos creram e foram batizados em água. Muitos endemoninhados foram libertos, aleijados e paralíticos foram curados (Atos 8.5-8).

A despeito desses milagres, parece que Filipe não tinha o dom de ajudar pessoas a receberem o batismo do Espírito Santo. A Bíblia continua dizendo:

> "Ouvindo os apóstolos, que estavam em Jerusalém, que Samaria recebera a palavra de Deus, enviaram para lá Pedro e João. Quando chegaram, oraram por eles para que recebessem o Espírito Santo, porque sobre nenhum deles tinha ainda descido, mas somente eram batizados em nome do Senhor Jesus. Então lhes impuseram as mãos, e receberam o Espírito Santo" (Atos 8.14,17).

Alguns leitores poderão perguntar: "Mas será que houve sinais exteriores quando os cristãos em Samaria receberam o Espírito Santo?"

Ao examinarmos com mais cuidado a Palavra, notamos que algumas coisas, fora do comum, aconteceram naquele dia.

Um mágico chamado Simão participou da grande cruzada de evangelização de Filipe e foi tocado diante da revelação do grande poder de Deus. Aceitou Jesus como seu Salvador e foi até batizado.

Então, Pedro e João vieram de Jerusalém e, mediante a imposição de mãos sobre os que haviam aceitado Jesus, eles receberam o Espírito Santo. Diante desse fato, Simão ficou tão admirado que chegou a oferecer dinheiro a Pedro e João dizendo: "Dai-me também a mim esse poder, para que aquele sobre quem eu puser as mãos receba o Espírito Santo" (v. 19).

Simão foi severamente repreendido pelo apóstolo Pedro, quando tentou comprar o dom de Deus com dinheiro. Mas o comportamento de Simão revela-nos uma lição clara que não pode passar despercebida. Esse mágico presenciara coisas incríveis acontecerem: pessoas arrependendo-se e confessando seus pecados eram transformadas e sua alegria transbordava. Espíritos imundos, gritando em alta voz, eram expulsos. Muitos paralíticos e aleijados foram curados. Avista destes milagres, Simão não tentou comprar tal poder com dinheiro. Só quando Pedro e João chegaram e impuseram as mãos sobre os cristãos para receberem o Espírito Santo é que Simão tentou comprar o poder.

Por quê? A resposta é muito simples: Porque um sinal evidente aconteceu aos samaritanos, que receberam o Espírito Santo, mediante a imposição de mãos por Pedro e João. Tivesse o Espírito passado calmo e silencioso, Simão não ficaria tão impressionado, a ponto de oferecer dinheiro.

O que ele teria visto, como resultado da oração de Pedro e João? Deve ter presenciado e ouvido aqueles cristãos falar outras línguas e louvar a Deus.

Não podemos deixar de deduzir isso, porque na cruzada evangelística de Filipe todos os sinais ocorreram, exceto um — o falar em outras línguas.

Não me entendam mal. Falar em línguas e batismo do Espírito Santo não são sinônimos. Algumas pessoas hoje, de maneira errada, afirmam que as Assembleias de Deus ensinam essa doutrina.

Vejamos a questão deste modo: no tempo dos apóstolos, quando Deus derramava o Espírito Santo sobre igrejas, sempre providenciava sinais externos, que eram sentidos, vistos e ouvidos por aqueles que recebiam o Espírito Santo e pelos expectadores também. Entre esses sinais, sem exceção, encontramos sempre o falar em outras línguas.

Está claro que a experiência pentecostal de Samaria, que ocorreu cerca de oito anos depois que os próprios apóstolos foram batizados com o Espírito Santo, em Jerusalém, foi acompanhada por sinais sobrenaturais.

A casa de Cornélio

O terceiro relato de recebimento da plenitude do Espírito Santo teve lugar na casa de Cornélio. Depois de deixar Samaria, Pedro desceu a Jope e permaneceu ali com Simão, o curtidor.

> "No dia seguinte, indo eles em seu caminho, e estando já perto da cidade, subiu Pedro ao terraço para orar, quase à hora sexta. Tendo fome, quis comer e, enquanto preparavam a comida, sobreveio-lhe um arrebatamento de sentidos. Ele viu o céu aberto e um vaso que descia, como um grande lençol atado pelas quatro pontas, e vindo para a terra. No lençol havia de todos os animais quadrúpedes e répteis da terra, e aves do céu. Foi-lhe dirigida

uma voz: Levanta-te, Pedro, mata e come. Mas Pedro disse: De modo nenhum, Senhor! Nunca comi coisa alguma comum e imunda. Segunda vez lhe disse a voz: Não faças tu comum ao que Deus purificou" (Atos 10.9-15).

Isso aconteceu três vezes antes que o lençol subisse para o céu. Enquanto Pedro meditava sobre qual seria o sentido dessa visão, mensageiros enviados por Cornélio bateram à porta.

Diz a Bíblia que Deus mandara um anjo ao gentio Cornélio numa visão, preparando Cornélio para ouvir a palavra de salvação e graça. De acordo com as instruções do anjo, Cornélio enviou mensageiros a Pedro em Jope. Quando Pedro ouviu a história, sua própria visão fez-lhe sentido.

Pedro, judeu obstinado, sempre pensara que pela Lei não lhe era permitido cultivar amizade com estrangeiros ou visitar lares de pessoas de outra nacionalidade. Se Deus não lhe houvesse claramente ordenado que fosse à casa de Cornélio, Pedro por certo teria se recusado a fazê-lo.

Porém Deus lhe esclarecera que, desde que ele próprio tornara os gentios limpos mediante o sangue de Cristo, Pedro não devia chamar imundo o que ele purificara. Dessa maneira, a mente fechada do judeu Pedro foi transformada.

Deus abrira o caminho pentecostal para os gentios, as pessoas que estavam reunidas na casa de Cornélio, o centurião gentio, receberam salvação e a plenitude do Espírito Santo pela fé em Cristo.

Examinemos esse encontro no qual o Espírito Santo desceu sobre os gentios na casa de Cornélio. Pedro pregou ao povo ali reunido. Começou com a profecia de João Batista, depois continuou com o ministério de Jesus, incluindo sua morte e ressurreição. Pedro concluiu: "Dele dão testemunho todos os profetas, de que todos o que nele creem receberão o perdão dos pecados pelo seu nome" (Atos 10.43).

Assim que Pedro proferiu essas palavras, o Espírito Santo de repente desceu sobre as pessoas que as ouviam.

"Dizendo Pedro ainda estas palavras, caiu o Espírito Santo sobre todos os que o ouviam. Os fiéis que eram da circuncisão, que tinham vindo com Pedro, maravilharam-se de que o dom do Espírito Santo se derramasse também sobre os gentios. Pois os ouviam falar em línguas e engrandecer a Deus" (Atos 10.44-46).

Ao ouvirem a palavra da verdade, que a salvação é obtida pelo ato de crer em Jesus Cristo, eles creram e disseram "amém" ao maravilhoso poder do Espírito Santo.

Como podiam outras pessoas conhecer e testificar que os gentios na casa de Cornélio haviam recebido o Espírito Santo? Quando lemos o relato bíblico imparcialmente, sem qualquer preconceito, a prova é evidente. A despeito do fato de que judeus obstinados tentavam crer que a salvação e a plenitude do Espírito Santo não eram para os gentios, o trabalho de Deus era tão evidente que não podiam negar essa realidade, "pois os ouviam falar em línguas e engrandecer a Deus" (Atos 10.46).

Vejamos de novo Atos 10.45-46. Nessa passagem, a palavra grega traduzida por "pois" é uma conjunção causal que significa "ao ver que". Os cristãos judeus circuncidados estavam atônitos, "pois os ouviam falar em línguas e engrandecer a Deus".

Isso significa que os cristãos primitivos viam o dom de línguas como sinal externo e real da plenitude do Espírito Santo.

Éfeso

O quarto incidente em Atos, com respeito à plenitude do Espírito Santo, aconteceu em Éfeso. Passaram cerca de quarenta anos desde o primeiro derramamento do Espírito Santo, no cenáculo em Jerusalém, no dia de Pentecoste.

Os discípulos cheios do Espírito Santo pregavam agora o evangelho com vigor, revestidos com grande poder dos céus.

Como resultado, sofreram muitas perseguições e tribulações, porém estas não conseguiram fazê-los parar.

O evangelho sacudira a Judeia, passara por Samaria e agora avançava para regiões mais distantes da terra, isso devido grandemente aos esforços do apóstolo Paulo.

Antes de tornar-se cristão e apóstolo, Paulo — então chamado Saulo — perseguira a igreja com toda fúria. Colocara a muitos na prisão e provocara mortes. Porém, havia um quadro que ele não conseguia esquecer: o apedrejamento do diácono Estêvão.

As pedras atiradas e a linguagem ofensiva que era proferida contra ele foram recebidas sem nenhuma expressão de resistência ou retaliação. Em lugar de semblante revoltado, seu rosto brilhava como o rosto de um anjo. Estêvão morreu orando a Deus, pedindo-lhe que perdoasse e abençoasse os que o apedrejavam. Saulo não poderia nunca entender tal cena.

Mas as perseguições de Saulo à igreja e sua pressão sobre os cristãos tornavam-se cada vez mais ferozes. Investido de autoridade especial concedida pelo sumo sacerdote em Jerusalém, Saulo encaminhava-se para atacar a igreja em Damasco quando foi tocado por outra experiência marcante.

A Escritura nos conta a história em detalhes. Quando Saulo ia a caminho de Damasco, foi atingido por forte luz do céu. Dizem que o brilho do sol da tarde em Damasco assemelha-se a um chuveiro de luz. Mas a luz que brilhou sobre Saulo era ainda mais intensa, causando-lhe cegueira e derrubando-o ao chão. Assim que caiu, ouviu a voz de Jesus: "Saulo, Saulo, por que me persegues?" (Atos 9.4). Ainda cego, Saulo teve de ser guiado para Damasco. Por três dias, jejuou e orou em arrependimento. Mais tarde, um cristão chamado Ananias orou pela restauração da vista de Saulo.

O nome de Saulo foi logo trocado para Paulo e, quarenta anos depois do Pentecoste, ele foi pregar em Éfeso. Quando encontrou alguns convertidos naquela cidade, eles se lembraram logo do perseguidor da igreja, e muitos o temeram.

Do ponto de vista espiritual, esses poucos convertidos estavam frios. Falando figuradamente, era como se estivessem morrendo.

Qual foi a primeira pergunta que o grande apóstolo Paulo formulou àquelas pessoas? Eis uma pergunta que as igrejas de hoje — presas por cerimônias, formalismos e preconceitos — deveriam responder: "Recebestes vós o Espírito Santo quando crestes?" (Atos 19.2).

Muitas pessoas que tentam esconder sua falta de poder, justificando sua teologia, estão preparadas para responder essa pergunta e o fazem rápido: "Naturalmente, nós recebemos o Espírito quando cremos". Mas um pequeno exame na Bíblia revela a tolice dessa resposta. Se o recebimento do Espírito Santo, no momento em que cremos, fosse automático, por que razão o apóstolo Paulo teria tido o trabalho de formular a pergunta?

A salvação é recebida pela regeneração, mediante a crença no trabalho do Espírito Santo, mas autoridade e poder só podem ser recebidos quando um cristão nascido de novo ganha a plenitude do Espírito Santo. Os discípulos em Éfeso deviam ser convertidos sinceros. Quando o apóstolo Paulo lhes fez a pergunta, eles só puderam responder: "nem sequer ouvimos que haja Espírito Santo" (Atos 19.2).

Em que miserável estado se encontravam eles, para nem ao menos terem conhecimento da existência do Espírito Santo!

Assim que o apóstolo Paulo ouviu isso, pregou o evangelho da salvação de Jesus Cristo e lhes batizou em água no nome de Jesus.

Paulo teria batizado essas pessoas nas águas se não tivessem nascido de novo? Não. Os cristãos em Éfeso eram por certo convertidos que haviam aceitado Jesus Cristo como Salvador, mas Paulo percebeu que não haviam recebido o batismo do Espírito Santo.

Então o apóstolo fez uma reunião de oração por um motivo específico: pedir o batismo do Espírito Santo para esses cristãos. Será que nossa igreja, hoje em dia, promove reuniões especiais de oração para recebimento do batismo com o Espírito Santo?

Quando Paulo impôs as mãos sobre eles, o Espírito Santo desceu. A Bíblia descreve a cena dessa maneira: "Impondo-lhes Paulo as mãos, veio sobre eles o Espírito Santo, e falavam em línguas, e profetizavam" (Atos 19.6).

Resumo

Não é significativo que os dons de falar em línguas e profecia, manifestaram-se imediatamente depois da descida do Espírito Santo? A Escritura não pode ser violada, nem combatida. Quando estudamos cenas descritas sobre a descida do Espírito Santo sobre a igreja primitiva, enchendo a vida dos convertidos, podemos encontrar um indiscutível sinal comum. Qual é esse?

Nós vimos que vento, fogo e línguas estiveram presentes no cenáculo no dia de Pentecoste. Está confirmado que houve sinais evidentes em Samaria também. Na casa de Cornélio, convertidos falaram em línguas ao louvar a Deus. Mais tarde, pessoas falaram em línguas e profetizaram em Éfeso. De forma natural, todos os que observavam esses incidentes bíblicos, ocorridos quando os cristãos recebiam o batismo do Espírito Santo, diziam que os convertidos falavam em outras línguas, conforme o Espírito Santo lhes concedia que falassem.

É evidente, repito, que o falar em línguas em si mesmo não quer dizer plenitude do Espírito Santo; mas pela confirmação das Escrituras, falar línguas é o sinal comum externo de que uma pessoa recebeu a plenitude do Espírito Santo.

Capítulo 7
Recebendo o batismo do Espírito Santo

Se quisermos saber como uma pessoa recebe o batismo do Espírito Santo, deveremos estudar como os cristãos primitivos o recebiam.

Um rápido exame da Era Apostólica

Depois que os discípulos presenciaram a ascensão de Jesus, no monte das Oliveiras, obedeceram à sua ordem e reuniram-se unânimes em fervorosa oração (Atos 1.14).

Hoje, tanto quanto no passado, aqueles que queiram receber o prometido batismo do Espírito Santo devem possuir profunda esperança e desejo ardente de recebê-lo.

Em minhas cruzadas evangelísticas, tenho visto centenas de cristãos cheios do Espírito Santo. Quase sem exceção, essa bênção tem sido derramada quando os que a buscam decidem recebê-la de verdade, sem levar em conta circunstâncias ou merecimento próprio. Em geral, chegam a chorar pela ansiosa expectativa.

Os que abrigam certa dúvida quanto a seu próprio desejo, ou os que oram sentindo que o batismo do Espírito Santo só acontecerá se for da vontade de Deus não recebem essa dádiva. Não importa o tempo que levem em oração. A bênção da plenitude do Espírito Santo só acontecerá quando colocarmos em nossa mente que não sossegaremos enquanto não tivermos resposta para nossa urgente necessidade.

Em Atos 8, os cristãos de Samaria receberam o batismo quando Pedro e João lhes impuseram as mãos.

A mesma experiência aconteceu a Saulo, que recebeu o Espírito Santo quando Ananias impôs as mãos sobre ele (Atos 9.10-18).

Doze cristãos em Éfeso também receberam a plenitude, quando lhes foram impostas as mãos pelo apóstolo Paulo (Atos 19.1-7).

Hoje também acontece, com frequência, das pessoas receberem a plenitude do Espírito Santo quando lhes impomos as mãos ou oramos com elas.

Entretanto, para que isso aconteça é preciso que queiram com fervor o batismo, é preciso que o coração esteja preparado, e também que tenham firme convicção em recebê-lo, senão ninguém conseguirá, mesmo que mãos lhes sejam impostas.

Se servos de Deus cheios do Espírito Santo impuserem suas mãos sobre você, poderá receber a plenitude do Espírito Santo quando tiver forte desejo de recebê-lo, mesmo que sua própria oração seja fraca.

Finalmente, Atos 10.44-48 relata que gentios foram cheios com o Espírito Santo na casa de Cornélio. O verso 44 diz: "Dizendo Pedro ainda estas palavras, caiu o Espírito Santo sobre todos os que o ouviam".

Essas pessoas foram todas cheias do Espírito Santo enquanto ouviam a pregação de Pedro.

Tenho visto isso acontecer. Enquanto pregava, certa vez, um sermão sobre o Espírito Santo, eu o vi ser derramado como chuva sobre corações que estavam preparados. Essas pessoas falavam em línguas, louvando a Deus numa linguagem celestial, como fizeram os cristãos na casa de Cornélio.

Em muitos púlpitos hoje, a verdadeira palavra de Deus não está sendo pregada com fidelidade. Como as pessoas poderão ouvir se a Palavra não for pregada? Embora estejam adorando na igreja, não experimentam um profundo toque ou a graça maravilhosa do Espírito Santo.

Quando um servo do Senhor, cheio do Espírito Santo, prega a Palavra ungida, os ouvintes experimentam o grande toque do Espírito.

Preparando nossos corações

Como preparamos nossos corações para receber o batismo do Espírito Santo?

Em primeiro lugar, aqueles que querem recebê-lo devem sentir não apenas o desejo, mas devem ter conhecimento profundo das promessas fidedignas de Deus. Ele continua dando a mesma plenitude do Espírito Santo, como o fazia na era dos apóstolos. A Escritura conclui:

> "Peça-a, porém, com fé, não duvidando, porque aquele que duvida é semelhante à onda do mar, impelida e agitada pelo vento. Não pense tal homem que receberá do Senhor alguma coisa; homem vacilante que é, e inconstante em todos os seus caminhos" (Tiago 1.6-8).

Se procurarmos receber o Espírito Santo com atitude de dúvida, sem confiar inteiramente nas promessas de Deus, estaremos perdendo nosso tempo e o esforço será inútil.

A Bíblia nos ensina: "De sorte que a fé vem pelo ouvir e o ouvir pela palavra de Deus" (Romanos 10.17). Devemos estudar o livro de Atos com o coração aberto, como se estivéssemos ouvindo os testemunhos daqueles que receberam a plenitude. Devemos remover todo preconceito humano de nosso coração.

Depois de nos convencermos de que a bênção da plenitude do Espírito é para nós hoje também, devemos arrepender-nos de todos os pecados inconfessados diante de Deus e, então, depender com exclusividade do sangue precioso de Cristo para completa purificação. Devemos tomar muito cuidado com qualquer pecado em nossa vida antes de orar pela experiência do batismo do Espírito Santo.

Pedro diz em Atos 2.38: "Arrependei-vos, e cada um de vós seja batizado em nome de Jesus Cristo, para perdão dos pecados. E recebereis o dom do Espírito Santo".

Esta ordenança: "Arrependei-vos, e cada um de vós seja batizado em nome de Jesus Cristo, para perdão dos pecados" será que significa que a menos que sejamos batizados com água, não poderemos receber nem remissão de pecados, nem o Espírito Santo?

Cremos que não seja assim, pois Pedro pregou o evangelho na casa de Cornélio, e gentios foram cheios com o Espírito Santo mesmo antes de passarem pelo processo do batismo em águas.

É desnecessário dizer que Deus não pode dar o batismo do Espírito Santo àqueles que ainda não receberam remissão dos pecados nem salvação.

Quando nos arrependemos e cremos no evangelho, recebemos remissão de pecados e salvação. Devemos também nos batizar com água o mais breve possível, como sinal exterior de salvação. Mas concluir que sem o batismo em águas não podemos receber remissão de pecados nem o batismo do Espírito Santo vai contra os ensinamentos da Bíblia.

Tenho visto milhares de pessoas que se arrependem, creem no Senhor Jesus Cristo como Salvador e, então, são cheias com o Espírito Santo, antes de passarem pelas águas do batismo.

Em Atos 10.48, o apóstolo Pedro falou aos gentios que receberam não só o perdão de pecados, como também a plenitude do Espírito Santo, "que fossem batizados em nome do Senhor".

Quase todos os cristãos que viveram na época dos apóstolos foram exortados (e assim o fizeram) a receber o Espírito Santo logo que fossem salvos. Mas hoje existe um grande número de cristãos que repete: "nem sequer ouvimos que haja Espírito Santo" (Atos 19.2). Que triste comentário!

Assim, apesar do batismo com água não ser um pré-requisito para o batismo com o Espírito Santo, o arrependimento o é, porque o Espírito Santo não habitará num vaso que esconde pecado.

Quando oramos para receber o batismo do Espírito Santo, devemos nos conscientizar de duas espécies de pecado que exigem arrependimento: Será que temos, de maneira consciente, desobedecido a vontade de Deus? Ou será que temos negligenciado o dever de, como cristãos, crermos na Palavra de Deus no que se refere à plenitude do Espírito Santo?

O primeiro pecado é o da desobediência. Antes de crermos no Senhor Jesus, éramos revoltados contra Deus e cometíamos vários tipos de pecado. Quando nos arrependemos e aceitamos Jesus Cristo como Salvador, recebemos remissão dos pecados. Entretanto, por causa do longo período de revolta, nosso coração estava tão endurecido que não podíamos ser quebrados com facilidade.

Apesar de termos remissão dos pecados e salvação, quando queremos receber a plenitude do Espírito Santo, precisamos nos arrepender com sinceridade profunda, pedir o perdão de Deus e limpeza completa de nossa obstinação.

Para sermos purificados e quebrados diante de Deus, temos de arrepender-nos de todas as transgressões que conseguirmos lembrar.

Por dois anos, chorei cada vez que orava pedindo a plenitude do Espírito Santo. Apesar de chorar e orar com fervor, não conseguia receber o batismo. A princípio, estava sedento, mas depois tornei-me desapontado e frustrado.

Então, um dia, quando estava no segundo ano da escola bíblica, orei com resoluta determinação de não sair do meu lugar enquanto não tivesse recebido o Espírito Santo. Ao mesmo tempo, confessei de novo todos os pecados que cometera, desde a minha infância.

De repente, meu espírito foi quebrantado e o Espírito Santo desceu sobre mim e inundou meu interior com grande plenitude. Comecei a falar em outras línguas, de acordo com a direção do Espírito Santo.

O segundo pecado que temos de confessar é a negligência. Tiago 4.17 diz: "Aquele, pois, que sabe o bem que deve fazer e não o faz, comete pecado". Apesar de sermos salvos e vivermos como cristãos, se temos sido negligentes, devemos arrepender-nos desse pecado. Reconhecermos que não temos colocado Deus como centro de nossa vida. Se não estamos buscando em primeiro lugar o reino de Deus e sua justiça, não temos agradado a Deus.

Quando nos arrependemos de todo o nosso pecado, o poder deles é quebrado. Quando oramos pela plenitude do Espírito Santo, nosso relacionamento com Deus deve ser correto — um coração obediente, pronto a fazer a vontade de Deus.

Dentro de nossa capacidade, temos de procurar corrigir e reparar tudo que devamos aos outros, pedir-lhes perdão e restituir-lhes o que é devido. O verdadeiro arrependimento, aquele que vem seguido da confissão, que brota do profundo do nosso ser, é confirmado pelo fruto da ação.

Quando nosso coração estiver preparado, sem dúvida, o Espírito Santo de Deus descerá sobre nós.

Muitas vezes, pessoas que desejam receber o Espírito Santo, quando ouvem algum testemunho dessa experiência, pensam que o receberão também da mesma maneira. Entretanto, ele nem sempre se manifesta do modo que pedimos. Sempre chega de acordo com a personalidade de quem o receberá. Às vezes, vem de modo tranquilo, como chuva suave. Outras vezes, como grande tempestade. Apesar de o Espírito Santo manifestar-se de diferentes maneiras, continua sendo a mesma pessoa — a terceira pessoa da Trindade.

Uma palavra de advertência

Depois de confessarmos nossos pecados, como devemos orar a fim de receber o Espírito Santo? Permitam-me fazer algumas observações ou advertências a esse respeito.

Primeiro, não devemos orar pedindo o Espírito Santo tendo uma motivação errada. Em outras palavras, não devemos clamar a Deus por seu poder, para depois nos orgulharmos ou nos deleitarmos pela posse de um grande poder. Pessoas com esse tipo de desejo errado têm às vezes recebido um espírito diferente, espírito enganador em vez do Espírito Santo.

Mas quando a motivação de nosso coração é pura — quando queremos, realmente, nos tornar-nos um vaso poderoso e eficaz para sermos usados por Deus, ou desejamos nos tornar sem sombra de dúvidas melhor instrumento nas mãos de Deus, testemunha de Cristo — espíritos malignos nunca se aproximarão de nós.

Jesus falou sobre tal segurança em Lucas 11.11-13:

> "Qual o pai dentre vós que, se o filho lhe pedir pão, lhe dará uma pedra? Ou se lhe pedir peixe, lhe dará por peixe uma serpente? Ou, se lhe pedir um ovo, lhe dará um escorpião? Se vós, pois, sendo maus, sabeis dar boas dádivas aos vossos filhos, quanto mais dará o Pai celestial o Espírito Santo àqueles que pedirem?".

Portanto, quando oramos pela plenitude do Espírito Santo a fim de que a vontade de Deus para nossa vida seja realizada — não para satisfazer nosso amor próprio ou orgulho — Deus por certo no-lo dará.

Essa segunda advertência não se aplica à pessoa que tenha uma predisposição a um caráter alegre, mas àquela que é pessimista e inclinada à solidão. Como esse tipo de pessoa tem sido, há tanto tempo, oprimida inconscientemente por um espírito negativo, se ela tentar orar com fervor pedindo o Espírito de Deus, sem primeiro limpar-se por completo, poderá cair em desespero e ser tomada por outro espírito de morbidez.

Mas se esse tipo de pessoa preparou-se aos poucos até alcançar seu mundo mais íntimo, mediante a aceitação da Palavra de Deus e o perdão em seu coração, se ela conseguir tornar-se brilhante e positiva, receberá um batismo maravilhoso.

Quando tal pessoa chega a ter uma atitude mental alegre e positiva, terá alcançado vitória sobre o Diabo. Ela poderá orar pela plenitude do Espírito Santo sem ansiedade.

Terceiro, uma sucessão de enfermidades, que enfraquece o corpo, é sempre seguida de opressão demoníaca. Aqueles que são fracos na mente e no corpo, que têm sido perseguidos por enfermidades a longo tempo, devem ser lavados com o precioso sangue de Jesus. Se têm tendência a sofrer opressão demoníaca, quando orarem com fervor para receber o Espírito Santo, estarão sujeitos a serem oprimidos mais ainda pelo Diabo.

Atos 10.38 ensina que Jesus, durante seu ministério, curou todas as moléstias e enfermidades causadas pela opressão do maligno: "como Deus ungiu a Jesus de Nazaré com o Espírito Santo e com poder, o qual andou fazendo o bem e curando a todos os oprimidos do diabo, porque Deus era com ele". Quase sempre o maligno tenta impedir quando oro com aqueles que são fracos na mente e no corpo que recebam o Espírito Santo. Sabendo isso, as pessoas que têm sido oprimidas por Satanás devem orar para receber o Espírito clamando em primeiro lugar pelo sangue precioso de Jesus.

Quarto, pessoas que serviram ao Diabo longo tempo, antes de se achegarem a Deus, devem ter um cuidado muito especial. Antes de orarem pelo recebimento do Espírito Santo, devem destruir tudo o que estiver ligado ao seu relacionamento anterior com o Diabo, arrepender-se por completo de seus pecados e ter a vitória que todos os cristãos podem ter sobre o Diabo. Então, quando orarem para receber o Consolador, poderão fazê-lo na paz e alegria de Cristo sem qualquer medo ou sensação de opressão demoníaca. Ocasionalmente essas pessoas poderão ainda ser vulneráveis, de maneira inconsciente, se abrirem seus corações.

Quinto, aqueles que oram com ardor para receber o Espírito Santo não devem permitir que qualquer pessoa lhes imponha as mãos em oração. Um espírito maligno é como epidemia, muito contagioso. Tenho visto muitas pessoas tomadas por espíritos imundos quando alguém com espírito maligno lhes impõe as mãos. Quando são apanhados por espíritos assim, experimentam sofrimento terrível até receberem libertação. Aqueles que querem que mãos lhes sejam impostas em oração, devem ter certeza de que a pessoa está cheia do Espírito da verdade. Não devem procurá-la por sua fama ou seu sensacionalismo no ministério, mas por sua proximidade ao Senhor.

Sexto, cuidado ao subir sozinho uma montanha ou entrar numa gruta para orar. Às vezes, alguns ouvem sobre pessoas recebendo muita graça por estarem orando em algum lugar solitário e querem fazer o mesmo. Se a fé não for muito sincera e firme, a pessoa pode amedrontar-se e ser oprimida por espíritos malignos que tiram vantagens desses momentos de temor.

Durante meu ministério, ao pregar sobre o Espírito Santo, tenho visto muitos exemplos do que descrevi neste capítulo. Devido à minha experiência, tenho recebido considerável conhecimento sobre como libertar pessoas das garras do Demônio.

Agora vamos estudar sobre como discernir entre o Espírito Santo e espíritos malignos.

Capítulo 8
Discernindo espíritos malignos em uma pessoa

Duas forças espirituais nos cercam. Jesus, devido ao grande amor por seus redimidos, nos tem enviado o Espírito Santo e numerosos anjos. Estes foram criados para serem espíritos ministradores, "para servir a favor dos que hão de herdar a salvação" (Hebreus 1.14).

Não só o Espírito Santo está conosco sempre, mas muitos anjos também estão. Por outro lado, o inimigo, Satanás, que é o príncipe das potestades do ar, está sempre buscando uma brecha para "roubar, matar e destruir" enviando para isso espíritos maus que vagueiam ao redor do mundo (João 10.10). Como diz o apóstolo João: "Sabemos que somos de Deus, e que o mundo inteiro jaz no maligno" (1João 5.19). Consciente desses fatos, compreendi que os convertidos devem saber discernir esses espíritos. Se você não tem o dom especial de discernir espíritos, procure discernir a atuação dos espíritos maus, seguindo o ensinamento de Cristo.

Conhecendo uma árvore pelos frutos

Jesus ensina em Mateus 7.15-20:

"Acautelai-vos, porém, dos falsos profetas, que vêm até vós disfarçados em ovelhas, mas interiormente são lobos devoradores. Pelos seus frutos os conhecereis. Colhem-se uvas dos espinheiros ou figos dos abrolhos? Do mesmo modo, toda árvore boa produz bons frutos, e toda árvore má produz frutos maus. Não pode a árvore boa produzir maus frutos, nem a árvore má produzir frutos bons. Toda árvore que não dá bom fruto é cortada e lançada no fogo. Portanto, pelos seus frutos os conhecereis".

Embora você possa ter uma fantástica e maravilhosa experiência ou inspiração, se o fruto que você produz não condiz com a Palavra de Deus nem com o fruto do Espírito, nunca poderá dizer que tal experiência vem do Espírito de Deus.

Jesus também adverte:

> "Muitos me dirão naquele dia: Senhor, Senhor, não profetizamos nós em teu nome? e em teu nome não expulsamos demônios? e em teu nome não fizemos muitos milagres? Então lhes direi abertamente: Nunca vos conheci. Apartai-vos de mim, vós que praticais a iniquidade" (Mateus 7.22-23).

Você nunca deverá aceitar baseando-se só nos aspectos sobrenaturais que qualquer experiência que seja seguida por sinais e maravilhas venha da parte de Deus. Você deve sempre olhar o fruto dessa vida ou a verdadeira natureza que está por trás dessa experiência. Embora o Diabo apareça muitas vezes vestido de pele de ovelha, ele não pode esconder nem falsificar seu caráter. Examinemos os frutos do Diabo.

O Diabo é maligno

A Bíblia ensina que "o reino de Deus [...] (é) justiça, paz e alegria no Espírito Santo" (Romanos 14.17). Mas quando Satanás chega disfarçado em Espírito Santo, ele rouba o amor, a alegria e a paz do ser humano.

Tiago 3.14-18 dá-nos um claro padrão de julgamento:

> "Mas, se tendes em vosso coração amarga inveja, e sentimento faccioso, não vos glorieis, nem mintais contra a verdade. Essa não é a sabedoria que vem do alto, mas é terrena, animal e diabólica. Pois onde há inveja e sentimento faccioso, aí há confusão e toda obra má. Mas a sabedoria que vem do alto é, primeiramente pura, depois pacífica, moderada, tratável, cheia de misericórdia e de bons frutos, sem parcialidade, e sem hipocrisia. Ora, o fruto da justiça semeia-se em paz para os que promovem a paz".

Aqueles que são oprimidos por espíritos malignos sentem forte interferência em tudo. Esse sentimento pode ser tão intenso que a pessoa chega a imaginar: Se esse é o Espírito Santo, como pode agir de modo tão frívolo, e impulsionar-me a cometer atos tão impensados?

Às vezes o espírito do Diabo tenta dar-nos instruções que imitam bastante o Espírito Santo. Não só em assuntos insignificantes, mas também em questões de fé. Os espíritos malignos também espalham negativismo e ansiedade. Em resumo, espíritos inimigos enviam sem cessar perturbadoras interferências proféticas.

Palavras claras em Isaías nos advertem sobre a associação com espíritos de adivinhos e necromantes: "Quando vos disserem: Consultai os médiuns e os feiticeiros, que chilreiam e murmuram entre dentes, respondei: Acaso não consultará um povo a seu Deus? Acaso a favor dos vivos se consultarão os mortos?" (Isaías 8.19).

Cristãos que andam por aí, fazendo profecias mentirosas e murmurando blasfêmias, por certo têm espíritos de médiuns e feiticeiros; eles deveriam calar-se de imediato.

Profecia provinda do Espírito Santo vem quando Deus quer passar sua mensagem a seu povo. Ela vem gentil e acompanhada de profundos sentimentos de confirmação e certeza de que a mensagem procede verdadeiramente de Deus.

O Diabo é imundo

Em muitos lugares a Bíblia usa a expressão espíritos "imundos" (Mateus 10.1; Marcos 1.27; Lucas 6.18). Espíritos imundos, ou espíritos do Diabo, provocam contínuos pensamentos impróprios contra a vontade da pesso/a. Eles penetram como carrapato no coração da pessoa, de modo diferente de um pensamento efêmero. Às vezes, espíritos imundos provocam maus pensamentos nas pessoas quando elas leem a Bíblia. Outras vezes, fazem que se sintam mal na presença de cristãos cheios do Espírito Santo. Aqueles que são oprimidos por espíritos imundos sofrem com obscenidades e pensamentos desprezíveis que inundam suas mentes como uma fossa de esgoto. Quando ouvem a Palavra de Deus, falsas acusações afligem seus corações, e pensamentos vis surgem em seu interior, como se fosse a cabeça de uma serpente erguida, pronta para o ataque.

Lucas 6.18 diz que esses espíritos imundos "atormentam". O Espírito Santo de Deus traz alegria, paz e refrigério; mas os espíritos malignos trazem agonia e grandes problemas para a mente e o corpo.

Embora você creia que recebeu o Espírito Santo, mas porventura continua em constante agonia, medo e dificuldade; se você se sente esmagado por grande peso, é sinal de que ainda está sendo oprimido por espíritos malignos.

Não importa quão falsamente o Diabo se apresente, quando você vir tais frutos, descobrirá que seu caráter é como o de um lobo devorador.

Discernimento do conceito que uma pessoa faz de Cristo

O ponto básico no discernimento de espíritos é saber o que a pessoa fala a respeito de Cristo.

As demais divergências em doutrinas não atingem o ponto crucial de vida ou morte. Mas o falso ensinamento sobre a graça salvadora de Jesus Cristo traz destruição eterna para aqueles que o pregam e para aqueles que recebem o ensinamento e o seguem.

O apóstolo João escreve em 1João 4.1-3:

> "Amados, não creiais em todo espírito: mas provai se os espíritos vêm de Deus, porque já muitos falsos profetas têm surgido no mundo. Nisto conheceis o Espírito de Deus: Todo espírito que confessa que Jesus Cristo veio em carne é de Deus; mas todo espírito que não confessa a Jesus não é de Deus. Este é o espírito do anticristo, do qual já ouvistes que há de vir, e agora já está no mundo".

Embora alguém insista que recebeu a plenitude do Espírito Santo, embora profetize coisas maravilhosas e pratique atos poderosos, se esse alguém não afirmar que Jesus foi nascido de uma virgem e foi crucificado para redenção do mundo, esse alguém não é de Cristo. Se ele não afirmar que Jesus Cristo ressuscitou ao terceiro dia, subiu ao céu e está assentado à direita do trono de Deus, e que voltará com a mesma aparência como foi ressurreto na carne, esse alguém não prega pelo Espírito Santo mas pelo espírito do anticristo.

Considerando isso, em muitos países, grupos religiosos levam centenas de pessoas à destruição com falsas doutrinas sobre Cristo.

Vejamos alguns exemplos. É possível que alguém insista ser ele próprio "o cristo", outro argumente que ele é "o único cordeiro", ameaçando pessoas para que os sigam, senão não serão salvas. Há ainda os que afirmam que não há necessidade de Jesus como nosso mediador, porque é possível comunicar-se direto com o Pai.

Pelo fato de existirem tantos espíritos caóticos no mundo, não devemos acreditar em todos eles, mas tentar com cautela descobrir se os espíritos provêm mesmo de Deus.

Quando vejo cristãos presos a um homem que se autoproclama "cheio de graça" e que mostra um poder misterioso, pessoas que o seguem incondicionalmente e confiam suas almas a ele, eu só posso lamentar. Não foram cautelosos bastante.

Discernimento das palavras de uma pessoa

A conversa de uma pessoa transmite seu caráter e maneira de pensar. Uma mulher irada usa linguagem cheia de cólera. Um homem grosseiro usa linguagem vulgar. O homem misericordioso usa linguagem cheia de mansidão, e a mulher bondosa usa linguagem que traduz paz.

A Bíblia também ensina isto com clareza: "Portanto vos quero fazer compreender que ninguém que fala pelo Espírito de Deus diz: Jesus é anátema! e ninguém pode dizer: Jesus é o Senhor! senão pelo Espírito Santo" (1Coríntios 12.3).

Portanto, quando ouvimos uma pessoa proclamar que recebeu a graça da plenitude do Espírito, devemos ouvir de modo discreto e com muito cuidado. Para discernir esse espírito, o que deveremos ouvir dessa pessoa?

Nenhum louvor a si próprio

Quando alguém que afirma ter recebido o Espírito Santo exalta a si mesmo, em vez de dar glória a Jesus, esse alguém não fala pelo Espírito de Cristo, mas pelo espírito de soberba.

O Diabo sempre estremece, agita-se e se enraivece como uma serpente pronta para o bote, tudo num esforço de exibição. Se as palavras de uma pessoa são de louvor e honra a si própria, em vez de a Cristo, tais palavras vêm do espírito do Diabo, não do Espírito Santo.

Às vezes, uma pessoa que professa haver recebido muita graça chega-se a mim e diz: "Pastor, recebi muita graça. O Espírito Santo disse que me ama de forma especial e que ele fará de mim um grande servo usando-me com todo poder [...]". Se eu continuar ouvindo, sentirei repugnância, porque ela não está honrando a Cristo e a Deus; suas palavras são de autolouvor.

O Espírito Santo glorifica a Deus (Atos 10.46) e revela a glória de Cristo por meio de nós, pela sua plenitude, e nos mostra que tudo ele recebeu de Cristo (João 16.1-14).

Quer falando em particular ou em público, se uma pessoa, mesmo um servo do Senhor, exalta suas próprias características, não as de Cristo, essa pessoa está sendo tomada pelo espírito do anticristo.

Não zombar nem ferir a outros

Quando uma pessoa que professa haver recebido o Espírito Santo só faz zombar e criticar os outros, quando não hesita em usar linguagem grosseira e ferina, temos de ter cuidado.

Uma certa irmã que dizia ter recebido o Espírito Santo carregava consigo uma nuvem de terror em vez de amor e paz. Se alguém a censurava, ela lhe rogava uma praga. Como pode a pessoa do Espírito Santo de Deus, que é humilde e reta, habitar na vida de alguém que usa tal linguagem?

Como pode alguém (que afirma falar pelo Espírito e ter sido favorecida com benção especial) bater nas casas dos cristãos murmurando calúnias contra membros da igreja ou criando divisão no corpo?

Uma palavra de alerta

Antes de afirmarmos que os trabalhos que alguém faz são maravilhosos, devemos primeiro observar se esse alguém louva a Deus e prega a Cristo como Senhor. Temos de sentir a prova de humildade, a evidência de uma pessoa escondida atrás da cruz, falando e produzindo o fruto do Espírito Santo.

O apóstolo Paulo nos alerta sobre os cristãos nos últimos tempos: "Mas o Espírito expressamente diz que nos últimos tempos alguns apostatarão da fé, dando ouvidos a espíritos enganadores, e a doutrinas de demônios" (1Timóteo 4.1).

Onde quer que exista algo real, haverá também falsificações. Portanto, devemos não só examinar nossa própria experiência espiritual, mas também discernir os espíritos, a fim de saber como conduzir nosso relacionamento com outros convertidos.

Capítulo 9
Dons do Espírito Santo

Na primeira epístola de Paulo aos Coríntios, no capítulo 12, de 4 a 11 existe uma classificação dos dons do Espírito:

> "Há diversidade de dons, mas o Espírito é o mesmo. E há diversidade de ministérios, mas o Senhor é o mesmo. E há diversidade de operações, mas é o mesmo Deus que opera tudo em todos. A manifestação do Espírito é dada a cada um para o que for útil. A um pelo Espírito é dada a palavra da sabedoria; a outro, pelo mesmo Espírito, a palavra da ciência; a outro, pelo mesmo Espírito, fé; a outro, pelo mesmo Espírito, dons de curar; a outro, a operação de milagres; a outro, profecia; a outro, discernimento de espíritos; a outro, variedade de línguas, e a outro, interpretação de línguas. Mas um só e o mesmo Espírito opera todas estas coisas, distribuindo particularmente a cada um como quer".

Os dons de Deus

Notemos o que Paulo diz: "E há diversidade de operações, mas é o mesmo Deus que opera tudo em todos" (1Coríntios 12.6).

A palavra "operações" refere-se ao método usado para pregar o evangelho. Para ser mais específico, refere-se à estratégia usada para que o evangelho alcance o mundo todo. Meios eficientes e programas para testemunhar o evangelho incluem a abertura de novas igrejas, reavivamento, estabelecimento e manutenção de escolas e hospitais. Essas ações pertencem às diversas operações que Deus usa para o avanço do evangelho.

Os dons de Jesus

Paulo também diz: "E também há diversidade de ministérios, mas o Senhor é o mesmo" (1Coríntios 12.5). Isso quer dizer que Jesus Cristo tem dado o dom de ministrar a alguns cristãos, para que possam ocupar posição de liderança e realizar trabalhos dentro da igreja. Assim como toda organização na terra requer liderança responsável, a igreja, o corpo de Cristo, também o exige.

O ministério é explicado em diversos lugares na Bíblia. Como exemplo, em 1Coríntios 12.27-28 lemos:

> "Ora, vós sois corpo de Cristo e, individualmente, membros desse corpo. A uns pôs Deus na igreja, primeiramente apóstolos, em segundo lugar profetas, em terceiro lugar mestres, depois operadores de milagres, depois dons de curar, socorros, governos, variedades de línguas".

Com respeito a esses ministérios, Paulo escreveu em Efésios 4.11: "E ele mesmo deu uns para apóstolos, e outros para profetas, e outros para evangelistas, e outros para pastores e doutores". Esse versículo nos mostra que, como cristãos, não podemos escolher o tipo de ministério que gostaríamos de ter dentro da igreja. Sem dúvida, cada um de nós deve descobrir o dom de Jesus que nos foi dado e, então, servir a Deus fielmente naquele tipo de serviço para o qual fomos escolhidos.

Os dons do Espírito

Concluímos, então, que os dons são dados pelo Espírito Santo: "Há diversidade de dons, mas o Espírito é o mesmo" (1Coríntios 12.4).

Dons do Espírito Santo são os instrumentos de poder que levam adiante, com sucesso, a realização e administração do trabalho de Deus em sua igreja.

Quando se planeja construir uma casa e o arquiteto, construtor e especialistas são escolhidos, todas as ferramentas e materiais necessários para a construção são trazidos e usados, para que o projeto obtenha sucesso e seja efetuado o mais rápido possível.

Quando há um grande trabalho a ser realizado para Deus, os dons do Espírito Santo são distribuídos a diferentes cristãos dentro da igreja, o corpo de Cristo. Esses dons capacitam os cristãos a completar o trabalho de Deus com responsabilidade e eficiência; e o trabalho desenvolve-se graças ao Espírito Santo.

Existem nove dons do Espírito Santo, e podem ser divididos em três grupos como segue:

1. Os dons de revelação
    a. O dom da palavra da sabedoria
    b. O dom da palavra da ciência
    c. O dom de discernimento de espíritos
2. Os dons vocais
    a. O dom de línguas
    b. O dom de interpretação de línguas
    c. O dom de profecia
3. Os dons de poder
    a. O dom de fé
    b. O dom de cura
    c. O dom de operar milagres

Os dons de revelação referem-se à comunicação sobrenatural, revelada pelo Espírito Santo ao coração daquele que recebe esse dom. O conhecimento de experiências e situações de outras pessoas, que é revelado mediante esses dons, só se tornará público quando a pessoa que recebe um ou todos esses dons decide falar.

Os dons vocais tratam da comunicação sobrenatural que o Espírito Santo de Deus revela, usando a voz humana. Não somente a pessoa que usa os dons, mas outras ao seu redor podem ouvir a comunicação, pois esses dons são recebidos pelos sentidos.

Os dons de poder são dons grandiosos pelos quais o poder de Deus se manifesta, a fim de transmitir uma resposta miraculosa mediante uma intervenção divina, sobrenatural. Por meio desses dons as pessoas e seu ambiente são transformados.

Todos os tipos de dons são distribuídos às pessoas pelo Espírito Santo, de acordo com sua própria vontade, para o benefício e crescimento da igreja, o corpo de Cristo.

A manifestação do Espírito Santo

Às vezes, cristãos que recebem a plenitude do Espírito Santo acompanhada de dons, enganam-se grandemente com essas manifestações do Espírito Santo (1Coríntios 12.7).

Alguns pensam que as pessoas que receberam a plenitude e vários dons do Espírito Santo podem usar esses dons da maneira que preferirem, onde e quando quiserem.

Por essa razão, encontramos pessoas que pensam ter recebido favor especial de Deus e tentam usar os dons como se o Espírito Santo fosse servo deles. Isso é muito perigoso, porque o Espírito Santo em nós é a terceira pessoa da Santíssima Trindade.

Pessoas que assumem atitude semelhante entristecem o Espírito Santo. E quando ele se entristece, os dons cessam de operar por meio dessas pessoas. No momento que se apercebem disso, em geral tornam-se arrogantes. E para que os outros acreditem que os dons ainda fluem por meio delas, começam a operar na carne (o que é fraude), muitas vezes inventando mentiras, que trazem desgraça à igreja.

Os dons são possessão do próprio Espírito Santo. E por serem dele, não podem existir independentes dele. Esses dons de maneira alguma podem ser usados pela vontade própria da pessoa. Só o Espírito de Deus pode possuí-los de maneira absoluta e manifestá--los por meio dos cristãos nos quais ele habita.

A verdade é que o homem não usa os dons do Espírito. Antes, o Espírito Santo que ocupa o homem e o enche usa aquela pessoa e manifesta os dons por meio dela de acordo com a vontade do Espírito, o momento e a situação.

O apóstolo Paulo instruiu de modo claro quando disse: "A manifestação do Espírito é dada a cada um, para o que for útil" (1Coríntios 12.7).

Às vezes, homens arrogantes e orgulhosos têm tentado usar o Espírito Santo como se fosse um artista de circo. Sinto-me desiludido e embaraçado quando vejo tais homens sendo glorificados. Parecem não ter ideia de que estão na presença de Deus e de seu Espírito Santo.

Não estou dizendo que não receberam os dons do Espírito. O que estou dizendo é que entenderam mal o propósito dos dons em suas vidas. Por haverem recebido certos dons, pensam que podem usar o Espírito Santo da maneira que e quando desejarem. Mas ele é quem usa cristãos como recipientes ou vasos, a fim de, por meio deles, manifestar os dons, para que aqueles que ouvem o evangelho sejam edificados.

Qual deverá ser a atitude própria de um cristão que experimenta os dons do Espírito Santo? Deve humilhar-se continuamente diante da presença de Deus, dedicar-se como vaso puro e, então, esperar que o Espírito Santo manifeste os dons por meio dele no momento e lugar que o próprio Espírito escolher.

Se ele decidir manifestar diversos dons por meio de nós, devemos conservar nosso coração humilde e dependente dele de forma total. Isso alargará o caminho para que o Espírito Santo edifique sua igreja mediante seus dons e por meio de nós.

Tenho vivido a abençoada experiência de ter diversos dons operando por meio de mim e venho orando ainda por mais manifestações do Espírito Santo. A única razão que me capacitou a construir uma igreja de 500 mil membros em menos de trinta anos, foi porque a maravilhosa manifestação do Espírito Santo fluiu através dos dons de revelação, dons vocais e de poder. Enquanto esse crescimento acontecia, dávamos toda a glória a Deus pelo que ele vinha realizando por meio de nós.

Mesmo nos dias de hoje, uma coisa me faz tremer com grande preocupação: o pensamento de que eu possa resistir ao Espírito Santo ou que, ao se mover ele por meio de mim para manifestar os muitos dons, eu o entenda mal, falando por mim mesmo.

Em suma, ao Espírito Santo pertencem todos os dons. Os dons e o Espírito não podem ser separados e o único propósito para que ele manifeste diversos dons por meio de pessoas é para a edificação de sua igreja.

Como receber os dons

Como podemos converter-nos em vasos através dos quais o Espírito Santo possa manifestar seus dons?

O Espírito de Deus não faz distinção entre pessoas, contanto que tenham recebido a plenitude do Espírito Santo, manifestem os dons e edifiquem os cristãos. Em 1Coríntios 12.7 lemos: "A manifestação do Espírito é dada a cada um para o que for útil", isso esclarece que ele usa qualquer pessoa que tenha recebido a plenitude do Espírito como um vaso, por meio do qual ele manifestará os dons.

Dizer que o Espírito Santo nos escolhe como vasos por meio dos quais ele manifesta os dons, é mais correto de que dizer que temos recebido os dons, pois, como tenho dito, a distribuição dos dons é feita conforme a vontade do Espírito Santo. Depois de enumerar os dons, Paulo diz: "Mas um só e o mesmo Espírito opera todas estas cousas, distribuindo particularmente a cada um como quer" (1Coríntios 12.11).

Se você deseja os dons, a oração correta não será para especificar sua própria vontade, escolhendo os dons. Você deve procurar descobrir quais dons o Espírito Santo deseja manifestar por meio de você, de acordo com o desejo e a vontade dele, para a edificação da igreja.

Em nossos dias, educadores de crianças tentam descobrir a natureza e o temperamento da criança e, então, trabalham para desenvolver esse temperamento. Desse mesmo modo, você pode observar com cuidado quais os dons que o Espírito Santo quer manifestar por meio de você, depois de haver recebido a sua plenitude. Assim que você tome conhecimento disso, desenvolva esses dons e cultive-os, permitindo que ele manifeste esses dons por meio de você.

Pouco depois de ter recebido o Espírito Santo, orei de maneira cega pedindo dons que eram mais populares, o dom de cura, o dom da palavra de sabedoria e o dom da palavra de conhecimento. Apesar de ter orado entre muitas lágrimas, os dons não estavam aparecendo como esperava. Às vezes, parecia-me que os dons manifestavam-se por breve tempo, porém sem uma contínua fluência do Espírito. Entretanto, os dons que eu não pedira nem dera tanta atenção começaram a aparecer em minha vida pessoal e meu ministério, como novos tufos de grama brotando da terra.

Os dons que recebi foram nada menos que o dom da fé e o dom de profecia. Na minha vida pessoal e no meu ministério, a fé sobrenatural apoderou-se do meu coração como se uma força misteriosa, como a de Sansão, tivesse sido dada a mim. Confissões audaciosas como ordenar às montanhas que se movessem para o mar fluíam de minha boca, e os milagres, em realidade, iam acontecendo à medida que eu falava.

Esses dons não permaneciam de contínuo comigo. O dom de fé não se manifestava em todas as situações. Quando a vontade do Espírito Santo era manifestada para a glória de Deus, mais fé, em quantidade maior do que eu podia imaginar em minha condição normal, fluía das profundezas do meu coração. O mesmo acontecia com o dom de profecia. Para ser franco, nunca estive interessado em profecia. Devido a muitos resultados indesejáveis, devido às confusões que algumas profecias traziam, eu sempre censurei àqueles que profetizavam indiscriminadamente. Ainda hoje penso do mesmo modo. Mesmo assim, de forma inesperada o espírito de profecia começou a fazer meu coração agitar-se esperando as palavras do Espírito Santo. Quando palavras de profecia chegam, sabedoria, conforto e orientação enchem meu coração. Desnecessário é dizer que nunca devemos orgulhar-nos desses dons e nem fazer alarde criando situações confusas.

O certo é que esses dons sejam usados apenas como meio de provar a eterna, inalterável, infalível e perfeita Palavra de Deus, não para exibir nossa espiritualidade pessoal.

Como já tenho dito, assim que encontramos nosso dom, dado de acordo com o Espírito de Deus, devemos desenvolvê-lo, deixando-o manifestar-se por si mesmo de modo frequente. Ao mesmo tempo que nosso dom está abençoando a igreja, e o povo de Deus está também ajudando-nos a crescer e amadurecer como cristãos.

Quando o Espírito Santo quer manifestar alguns dons por meio de uma pessoa que tem medo de falar ou que, preferindo agradar outras pessoas, recusa-se a obedecer de pronto, ele se entristece e se reprime. Se isso acontecer sempre, os dons desaparecerão. Aqueles que têm conhecimento sobre qual dom receberam não devem sujeitar-se às pessoas ou organizações. Porém, devem permitir que o Espírito Santo seja manifestado por meio deles, de maneira que aquele dom se torne permanente, aparecendo com mais frequência para trazer bênçãos à igreja e aos cristãos.

Também aqueles que têm recebido os dons devem buscar as Escrituras com diligência e estudar as circunstâncias nas quais esses dons eram usados. Esse estudo deve ser acompanhado de uma limpeza dos erros na vida dessas pessoas.

Os dons não podem nunca tomar o lugar da Bíblia, nossa mais alta autoridade e nossa instrução para viver. Devem ser sempre controlados pela Palavra de Deus e estar em harmonia com as Escrituras. Devem ser utilizados dentro dos limites apoiados pela Palavra de Deus.

Uma pessoa pode possuir diversos dons ao mesmo tempo? É desnecessário dizer, mas Jesus usou todos os nove dons do Espírito, e nós confiamos pelas Escrituras que os apóstolos, como Pedro ou Paulo, também usaram os nove dons. Como pode um cristão comum, como você ou eu, receber hoje todos os nove dons?

A Bíblia afirma: "Portanto, procurai com zelo os melhores dons" (1Coríntios 12.31). Alguns dizem que o amor é o maior dom, mas essa maneira de entender não é correta.

1Coríntios 13 diz que amor é necessário para usar os dons. "Portanto, procurai com zelo os melhores dons. E agora eu vos mostrarei o caminho mais excelente" quer dizer que a Bíblia nos está mostrando o melhor modo de usar os dons.

Em 1Coríntios 14.12 também lemos: "Assim também vós, como desejais dons espirituais, procurai abundar neles para a edificação da igreja". Estas passagens das Escrituras mostram que Deus quer usar ao máximo os cristãos que têm recebido a plenitude do Espírito Santo.

Quando Paulo diz que devemos ambicionar os melhores dons, ele quer dizer que quando nós desejamos com ardor que os dons que usamos sejam usados ainda mais, Deus, de acordo com sua santa vontade, responderá com maiores e mais abundantes dons. Diante disso, concluímos que cristãos podem por certo possuir vários dons ao mesmo tempo. Os dons do Espírito são de fato dele e ele os reparte segundo a sua vontade.

Capítulo 10
Os dons de revelação

O dom da palavra da ciência

A Bíblia refere-se a esse dom como "a palavra da ciência" (1Coríntios 12.8), em vez de o dom do "conhecimento", e há um motivo para essa distinção. Se nos referíssemos a esse dom como o dom de conhecimento, isso incluiria tudo sobre o conhecimento concernente a Deus. Mas o dom da palavra da ciência refere-se à parte do conhecimento de Deus que ele mesmo queira revelar-nos.

Conhecimento refere-se à condição de conhecer algo, por meio da percepção de verdades concernentes às coisas e assuntos. Hoje, entretanto, muitas pessoas entendem de modo errado o dom da palavra da ciência.

Alguns agem e falam como se fossem um dicionário ambulante, só porque receberam o dom da palavra da ciência; mas, na realidade, sua conduta e comportamento mostram que são ignorantes. O fato de receberem esse dom não quer dizer que tenham recebido o conhecimento total do onisciente e onipotente Deus.

Outros dizem que receberam o dom da palavra da ciência, porque a inclinação delas para aprender levou-as a se aprofundarem no estudo da Palavra de Deus. Por isso, dizem ter recebido o dom da palavra da ciência.

Mas o dom da palavra da ciência, manifestado como um dos dons do Espírito Santo não é um conhecimento que pode ser estudado e aprendido. Ele não pode ser investigado tampouco aumentado. Essa ciência, que revela a verdade oculta de coisas e assuntos e resolve problemas num certo momento e lugar para a glória de Deus, de acordo com a revelação especial de Deus, vem apenas pela inspiração do Espírito Santo.

A manifestação desse tipo de ciência não significa que alguém possua o inteiro conhecimento do onisciente ou tenha adquirido conhecimento resultante de pesquisa ou investigação. A palavra da ciência é uma informação revelada a alguém que tenha esse dom quando há uma necessidade especial para o reino de Deus ou quando a causa do evangelho de Cristo necessita ser revelada aos filhos de Deus. Quando não existe um meio humano para conhecermos as circunstâncias, Deus revela esse conhecimento parcial aos cristãos por meio do Espírito Santo pela revelação, sonhos ou visões. O conhecimento determinado de alguma circunstância, dado por meio sobrenatural pela revelação de Deus não é conseguido por esforço humano.

As Escrituras nos dão muitos exemplos nos quais o dom da palavra da ciência operava de modo sobrenatural pelo Espírito Santo entre o povo de Deus.

Recordemos alguns deles. Em Josué 7, depois da conquista da forte cidade de Jericó, os filhos de Israel tentaram invadir a pequenina cidade de Ai e foram derrotados miseravelmente.

Josué então rasgou suas vestes e prostrou-se com o rosto em terra perante a arca do Senhor até à tarde, ele e os anciãos de Israel, e deitaram pó sobre suas cabeças e oraram. Como resultado, ao anoitecer a revelação de Deus veio para os filhos de Israel: por causa de uma pessoa que se apossara de coisas em Jericó, contra a ordem direta de Deus para não tocar em coisa alguma, a ira de Deus acendeu-se. Deus não permanecera com eles quando atacaram a cidade de Ai.

Josué recebeu essa palavra de conhecimento — a razão pela qual os filhos de Israel foram derrotados diante do inimigo. Mais do que isso, por meio da revelação do Espírito Santo, Josué recebeu informação de que o homem que cometera o pecado fora Acã, filho de Carmi, filho de Zabdi, filho de Zerá da tribo de Judá.

Tal conhecimento não é recebido por estudo humano nem pela informação transmitida em segredo de uma pessoa para outra, mas pelo conhecimento que o Espírito Santo revela àqueles que receberam esse dom.

Em 1Samuel 9 há outro quadro: Saul e os que estavam com ele saíram à procura das jumentas perdidas de seu pai. Quando não conseguiram encontrá-las, vieram ao profeta Samuel para perguntar. Logo que Samuel encontrou Saul, disse de imediato: "Quanto às jumentas que há três dias se te perderam, não te preocupes com elas; já foram achadas" (1Samuel 9.20).

Antes de Saul lhe perguntar, Samuel já sabia não só que Saul estava à procura das jumentas, como também que elas já haviam sido encontradas. Essa revelação veio pelo dom da palavra da ciência.

Esse mesmo dom funcionou de forma grandiosa na vida de Eliseu em 2Reis 6.8-12:

> "Ora, o rei da Síria fazia guerra a Israel. Depois de consultar os seus oficiais, disse: Em tal e em tal lugar, estará o meu acampamento. Mas o homem de Deus mandou dizer ao rei de Israel: Guarda-te de passares por tal lugar, porque os siros estão descendo ali. Pelo que o rei de Israel enviou homens àquele lugar de que o homem de Deus lhe falara, e de que o tinha avisado, e assim se salvou, não uma nem duas vezes.
>
> "Este incidente turbou o coração do rei da Síria, que chamou os seus oficiais e lhes disse: Não me fareis saber quem dos nossos é pelo rei de Israel? Disse um dos seus oficiais: Ninguém de nós, ó rei meu senhor, mas o profeta Eliseu, que está em Israel, faz saber ao rei de Israel as palavras que tu falas na tua câmara de dormir".

Tal conhecimento maravilhoso não fora obtido por uma rede de informação humana, mas Deus em pessoa revelara a Eliseu por meio do dom do Espírito Santo.

O dom da palavra da ciência também foi manifestado, de maneira maravilhosa, aos cristãos do Novo Testamento. O exemplo de nosso Senhor Jesus Cristo nem precisa de comentários. Vamos então considerar a experiência do apóstolo Pedro.

Em Atos 5, Ananias e sua mulher, Safira, combinaram entre si e venderam uma propriedade. Trouxeram parte da venda e a depositaram aos pés dos apóstolos dizendo estarem entregando a importância total da venda. Tinham certeza de que ninguém descobriria sua mentira.

> "Disse então Pedro: "Ananias, por que encheu Satanás teu coração, para que mentisses ao Espírito Santo, retendo parte do preço da propriedade? Guardando-a não ficava para ti? E, vendida, não estava em teu poder? Por que formaste este desígnio em teu coração? Não mentiste aos homens, mas a Deus" (Atos 5.34).

Deus contara a Pedro o que ele devia saber naquela situação.

Eu também tenho tido experiências similares. Numa manhã de Natal, depois de passar a noite toda em reunião de oração, iria dirigir um culto pela manhã na igreja. Meu programa era pesado e planejara ir para casa dormir um pouco antes de dirigir o culto regular das 11 horas.

Quando cheguei em casa, senti fome. Ao tomar meu café da manhã, de repente veio-me à mente um pensamento: deveria ir imediatamente à igreja, alguma coisa acontecera. Pela minha vontade, não moveria meu corpo de onde estava, mas como servo do Senhor não podia fazer outra coisa, a não ser obedecer. Então encaminhei-me para a igreja.

Na igreja tudo estava calmo, silencioso. Parecia que nada estava errado. Encontrei apenas um jovem zelador da igreja que estava varrendo a sala onde os cristãos se reuniram durante a noite.

Não conseguia encontrar nada que confirmasse a palavra do Espírito Santo de que alguma coisa se passara. Estiquei meu pescoço para olhar dentro do santuário. De repente veio ao meu coração outro pensamento: eu deveria ir até o púlpito. Fui para lá e ali estava um grande envelope fechado, contendo a oferta.

Peguei o envelope em minha mão e olhei com cuidado a parte fechada. Pensando em voltar para casa, embora um pouco preocupado, entrei no escritório onde havia um aquecedor. Com o envelope na mão, puxei uma cadeira para perto do aquecedor.

Então ouvi uma forte batida na porta. "Entre!", disse; e o jovem que varria a sala do culto entrou no escritório, seu rosto estava pálido e ele se ajoelhou no chão. Para surpresa minha, começou a dizer: "Pastor, hoje tive a certeza de que Deus na realidade vive. Cometi um pecado horrível, mas por favor, me perdoe".

Eu estava estupefato sem poder entender o que ele dizia. Mas o jovem, de olhos baixos, continuou: "Quando estava varrendo a igreja, encontrei este envelope grande com dinheiro, no santuário. Olhei em volta, ninguém estava na igreja naquele momento e fui tentado a me apossar daquilo. Peguei o envelope e corri para o meu quarto. Abri o envelope com uma tesoura. Retirei parte do dinheiro. Depois de colocar o restante no envelope, colei-o bem e o recoloquei no púlpito antes que alguém aparecesse.

"Tudo estava como antes, e eu estava certo de que ninguém notaria o sucedido. Então, o senhor que fora para casa dormir de repente apareceu, olhando ao redor como que à procura de alguma coisa. Imaginando comigo que o irmão, como ser humano, não poderia de maneira alguma saber nada sobre o que acontecera, continuei varrendo o chão.

"Sentia-me perturbado, então comecei a olhar dentro da igreja procurando ver o que o senhor estava fazendo. Então, justo o que eu temia aconteceu: o senhor parou junto ao púlpito, pegou o envelope de dinheiro, examinou a parte selada e foi para o escritório.

"Senti que essas coisas todas foram reveladas ao senhor pelo Espírito Santo, e a minha consciência começou a doer tanto que resolvi confessar meu pecado. Perdoe-me, por favor."

Ouvindo a confissão daquele jovem, estremeci ante o pensamento de que eu também sou tão intimamente conhecido pelo Espírito Santo que está sempre conosco.

Um outro incidente semelhante aconteceu com um amigo meu, há alguns anos, perto da administração Coreana Democrática. Bethel, um missionário americano com quem me relacionava, mudou-se das Filipinas para a Coreia para um trabalho da missão. Ele e sua família vieram para a Coreia de avião, depois de despachar a mudança por navio.

Quando a mudança chegou, ele recebeu um aviso para retirar seus pertences. Foi ao lugar indicado, mas algumas das coisas mais valiosas que estavam arroladas não foram encontradas. Tudo fora colocado no navio ao mesmo tempo, porém Bethel foi informado que aqueles itens não haviam chegado à Coreia.

Bethel estava muito aborrecido e começou a interrogar, até que afinal alguns encarregados se irritaram e o destrataram. Sentindo-se deprimido e maltratado, Bethel orou a Deus com fervor; então nesse momento, numa repentina visão, divisou o interior de um armazém com uma porta pequena. Estava fora de sua visão, mas justo a alguns metros à esquerda do lugar onde ele se estava. Dentro daquele armazém estavam escondidas suas coisas valiosas.

Pediu aos encarregados que lhe permitissem procurar, pessoalmente, seus objetos perdidos, ao que eles responderam triunfantes: "Pois não!".

Bethel encaminhou-se direto ao lugar que lhe fora revelado em visão. Ali havia um corredor meio oculto. Quando caminhou pelo corredor, viu a pequena porta como a da visão. Quando se aproximou da porta, as faces dos encarregados se avermelharam. Disseram-lhe que não tinha permissão para entrar naquela sala; mas Bethel empurrou-os para o lado, abriu a porta e lá estavam seus pertences, escondidos do mesmo modo como lhe fora revelado.

O Espírito Santo deu ao sr. Bethel o conhecimento necessário naquele momento, e, por meio daquele dom sobrenatural da palavra da ciência, foi capaz de resolver o problema em questão.

A palavra da ciência nunca é o tipo de conhecimento que o homem pode possuir por si mesmo e usar livremente, mas o Espírito Santo de Deus o possui e, por meio do vaso de sua escolha, ele o manifesta de acordo com a necessidade. Esse dom mostra a glória de Deus e resolve problemas.

O dom da palavra de sabedoria

Uma pessoa pode ser muito culta e ter grande conhecimento, mas a menos que tenha sabedoria, ela não pode usar aquele conhecimento.

Sabedoria é a função pela qual podemos, de maneira eficaz, usar o conhecimento — para resolver problemas e trazer bênçãos e vitória. Mesmo que alguém tenha pequeno grau de conhecimento, se ele for equipado com grande carga de sabedoria, poderá aumentar muito seu conhecimento. Ao contrário, se alguém tem bastante conhecimento mas um pequeno grau de sabedoria, seu conhecimento pode tornar-se inútil, nunca poderá ser revelado de forma plena.

Então, que vem a ser o dom da palavra da sabedoria? Esse dom não se refere a nenhuma sabedoria humana. Aqueles que não entendem isso às vezes falam de cristãos, que são especialmente brilhantes e inteligentes, como pessoas que tivessem recebido o dom da sabedoria; isso é errado.

A palavra da sabedoria, quando se refere a um dom do Espírito Santo (1Coríntios 12.8), é dada de um modo sobrenatural a um cristão, que usando essa sabedoria resolve problemas em circunstâncias difíceis e, por causa disso, dá glória a Deus.

A Bíblia insiste que aqueles que têm falta de sabedoria devem pedi-la a Deus.

> "Ora, se algum de vós tem falta de sabedoria, peça-a a Deus, que a todos dá liberalmente, e não censura, e ser-lhe-á dada. Peça-a, porém, com fé, não duvidando, porque aquele que duvida é semelhante à onda do mar, impelida e agitada pelo vento" (Tiago 1.5-6).

No Antigo Testamento podemos encontrar um quadro no qual Deus manifestou sabedoria através do rei Salomão, o filho de Davi. Por exemplo, leiamos o incidente relatado em 1Reis 3.16-28:

> "Ora, vieram duas prostitutas ao rei, e se puseram perante ele. Disse-lhe uma das mulheres: Ah! senhor meu, eu e esta mulher moramos na mesma casa. Eu tive um filho, estando com ela naquela casa. No terceiro dia depois do meu parto, também esta mulher teve um filho. Estávamos juntas; nenhuma pessoa estranha estava conosco na casa, somente nós duas estávamos ali. De noite morreu o filho desta mulher, porque se deitou sobre ele. Assim ela se levantou no meio da noite e, enquanto dormia a tua serva, tirou do meu lado o meu filho, deitou-o no seu seio, e a seu filho morto deitou no meu seio. Levantando-me pela manhã, para dar de mamar a meu filho, vi que estava morto. Mas atentando eu para ele à luz do dia; percebi que não era o filho que eu dera à luz. Então disse a outra mulher: Não, mas o vivo é meu filho, o teu é o morto. Porém esta disse: Não, o morto é teu filho, o meu é o vivo. Assim falaram perante o rei. Disse o rei: Esta diz: Este que vive é

meu filho, e teu filho o morto; e esta outra diz: Não; o morto é teu filho, e meu filho o vivo. Então disse o rei: Trazei-me uma espada. E trouxeram uma espada diante dele. Ordenou o rei: Dividi em duas partes o menino vivo, e dai metade a uma, e metade a outra. Mas a mulher, cujo filho era o vivo, disse ao rei (pois as suas entranhas se lhe enterneceram por seu filho): Ah, senhor meu! Dai-lhe o menino vivo, e de modo nenhum o mateis. A outra, porém, dizia: Nem meu nem teu. Seja dividido. Então respondeu o rei: Dai à primeira o menino vivo. De modo nenhum o mateis; esta é sua mãe. Quando todo o Israel ouviu a sentença que o rei proferira, temeu ao rei, porque viu que havia nele a sabedoria de Deus para fazer justiça".

A sabedoria tão preciosa não era um dom natural com o qual Salomão houvesse nascido. "Havia nele sabedoria de Deus", que era a expressão do dom que Deus manifestou para a necessidade daquela época por meio do poder do Espírito Santo, o qual foi-lhe dado por Deus.

A Bíblia chama esse dom de "a palavra da sabedoria" em vez de "o dom da sabedoria", pois esta significaria aquela sabedoria geral, dada em todos os tempos. A Bíblia, porém, ensina que esse dom é o da palavra da sabedoria, em contraste com a sabedoria geral, a qual a humanidade usa livremente da maneira que quiser. Deus manifesta a palavra de sabedoria de acordo com uma necessidade específica, em determinado tempo e lugar, para a glória dele e o poder do evangelho. Dessa maneira nos fala também. Embora ele esteja sempre conosco, não nos fala sempre, apenas em casos de necessidade.

Na expressão "eu recebi o dom da palavra da sabedoria", nós devemos dar ênfase ao termo: "a palavra".

A manifestação do dom da palavra da sabedoria é maravilhosa e clara na vida de Jesus. Em Mateus 22.15-22, a historia é esta: Os fariseus estavam certos de que tinham um meio de confundir Jesus. Na presença de alguns romanos, perguntaram-lhe se pela Lei um judeu devia pagar tributo a César. Se Jesus respondesse que deviam dar tributo a César, eles o agarrariam, julgando que ele era amigo de Roma e inimigo do povo judeu. Mas, se ele respondesse que não deviam dar tributo a César, o governador romano o condenaria por traição e ele seria mandado para a prisão.

Eles confiavam em seu estratagema, mas foram confundidos pelas palavras de sabedoria com as quais ele lhes respondeu. Jesus pediu-lhes para mostrar uma moeda e, apontando para a efígie, perguntou de quem era. Quando disseram "de César" ele respondeu, "Dai a César o que é de César, e a Deus o que é de Deus". Jesus deu-lhes uma resposta pela qual não podia ser apanhado. Era uma palavra de sabedoria, falada pelo poder do Espírito Santo para denotar o inimigo.

Aconteceu de novo quando os escribas e fariseus estavam tentando Jesus. Trouxeram uma mulher apanhada em adultério: "e disseram a Jesus: Mestre, esta mulher foi apanhada em adultério. Na lei nos ordenou Moisés que tais mulheres sejam apedrejadas. Ora, o que dizes?" (João 8.4-5).

Eles forjaram outra armadilha, esperando apanhar Jesus. Se ele dissesse que a mulher deveria ser apedrejada, eles o acusariam de agir contra a Lei de amor que ele pregava, e que seus milagres retratavam. Mas, se Jesus se opusesse ao castigo que Moisés ordenara, eles o levariam ao tribunal judaico.

Como Jesus respondeu? "Aquele que dentre vós está sem pecado, seja o primeiro a lhe atirar uma pedra" (João 8.7). Embora fossem tão duros, não podiam deixar de receber um toque no coração, diante de tão aguda palavra de sabedoria. João diz: "Quando ouviram isto, foram se retirando um a um, a começar pelos mais velhos até que ficou só Jesus e a mulher no meio onde estava" (João 8.9).

Quando vemos Jesus resolvendo tais problemas difíceis, um após outro por meio de uma palavra de sabedoria, ficamos orgulhosos de nosso Mestre e lhe devotamos todo respeito e amor.

E já que esse mesmo Senhor é nosso Salvador que vive, não importa a dificuldade que tenhamos de enfrentar, devemos olhar para ele e não desanimar.

Deus prometeu dar-nos tal palavra de sabedoria, quando formos perseguidos pela nossa fé no Senhor Jesus Cristo e pelo evangelho:

"Mas antes de todas estas coisas, lançarão mão de vós, e vos perseguirão, entregando-vos às sinagogas e às prisões, e conduzindo-vos à presença de reis e governadores, por causa do meu nome. Isto vos acontecerá para testemunho. Mas proponde em vossos corações não premeditar como haveis de responder, porque eu vos darei *boca e sabedoria* a que não poderão resistir nem contradizer todos os que se vos opuserem" (Lucas 21.12-15).

Essas palavras maravilhosas "boca e sabedoria" significam que o dom da palavra da sabedoria ser-nos-á dado quando a necessidade surgir. Aqui de novo a promessa é que tal sabedoria não nos será dada por natureza. Mas quando encontramos uma barreira intransponível, Deus nos dá a maravilhosa sabedoria do Espírito Santo, que nos capacita a superar a dificuldade e solucionar o problema. As palavras de Jesus significam que só o Espírito Santo possui o dom, e ele o manifesta no tempo certo, por meio dos cristãos como seus vasos.

O dom de discernimento de espírito

"A outro, [é dado] discernimento de espíritos" (1Coríntios 12.10). Muitas pessoas hoje confundem o dom de discernimento de espíritos com leitura da mente. Vários que confessam haver recebido o dom de discernimento de espíritos criam grandes confusões nas igrejas, assumindo o papel de detetive espiritual.

O dom é exatamente o que diz ser: o dom que é capaz de discernir espíritos. Para simplificar, neste universo, há espíritos que pertencem a Deus e espíritos que pertencem ao Diabo. Portanto, há ocasiões em que as palavras são faladas pelo espírito do homem, diferente de quando faladas pelo Espírito Santo ou pelo espírito de Satanás. Discernimos os espíritos pela manifestação do Espírito Santo, podendo então julgar se o espírito vem de Deus ou se é alguém falando pelo espírito do homem ou pelo espírito de Satanás.

Em 1João 4.1, o apóstolo João escreveu sobre a importância do discernimento de espíritos: "Amados, não creiais em todo espírito, mas provai se os espíritos vêm de Deus, porque já muitos falsos profetas têm surgido no mundo".

Nestes últimos dias, a menos que você tenha o dom do discernimento de espíritos, estará exposto ao perigo de ser seduzido. O apóstolo Paulo disse em 1Timóteo 4.1. "Mas o Espírito expressamente diz que, nos últimos tempos alguns apostatarão da fé, dando ouvidos a espíritos enganadores, e a doutrinas de demônios".

Se não estivermos preparados, em profundidade, para discernir e combater aqueles que penetram em nosso meio, com espíritos enganadores e doutrinas de demônios, grande perigo sobrevirá para o rebanho dos cristãos enfraquecidos.

Como qualquer outro dom, o dom do discernimento de espíritos não é possuído por qualquer pessoa ou usado em qualquer tempo. Esse dom está nas mãos do Espírito Santo, e ele o manifesta de acordo com a necessidade, através do vaso escolhido por Deus.

Durante meu ministério, tenho experimentado a manifestação desse dom muitas vezes, proporcionando oportunidades de melhorar a igreja.

Certa ocasião, uma senhora, membro de minha congregação, afirmou que recebera o maravilhoso dom de profecia; de fato, suas profecias se cumpriam algumas vezes.

Como resultado, muitos cristãos fracos estavam sendo levados por suas profecias e deixando a prática da oração pessoal, da leitura das Escrituras e a vida de fé. O guia deles tornou-se a profecia. Corriam para essa mulher ouvindo o que ela chamava de "mensagem de Deus sobre os problemas da vida diária", como se estivessem consultando uma cartomante.

Como não consegui discernir, de imediato, se isso vinha de Deus ou do Diabo, coloquei-me como expectador por algum tempo. Mas logo tudo tornou-se claro, o fruto da mulher não era o fruto do Espírito Santo. As palavras de sua profecia não eram somente volúveis e frívolas, mas careciam de humildade, amor e paz. Em vez disso, eram frias, temíveis e destruidoras.

Quando desconfiei que o espírito da mulher podia não ser o Espírito Santo, não só a própria mulher como muitos de seus seguidores resistiram e me desafiaram. Começaram a dizer que o servo do Senhor, motivado pela inveja, estava conspirando contra ela.

Encontrei-me numa situação delicada e fiquei muito preocupado. E se a mulher estivesse mesmo falando pelo Espírito Santo? Eu não queria cair no pecado de resistir ao Espírito Santo.

Prostrei-me diante de Deus e orei pedindo a ele que me revelasse a verdade, pela manifestação do dom de discernimento de espíritos. Numa visão, Deus me mostrou que o espírito que estava nela era um espírito imundo.

Com esse discernimento, tive coragem para disciplina-la com convicção. Como resultado, a igreja foi liberta quando estava já à beira de uma tempestade. A paz foi restaurada.

Nos dias de hoje, pessoas das igrejas da Coreia estão ansiosas e prontas para serem seduzidas por espíritos e doutrinas do maligno; que levam numerosos membros ignorantes por caminhos errados.

Aqueles que se dizem ser Jesus e outros usando outros nomes, surgem e erguem suas vozes para seduzir a quantos for possível. Agora, mais do que nunca, a igreja na Coreia está orando para que o dom de discernimento de espíritos seja dado a todos os cristãos por todo o país.

Consideremos como esse dom era usado nos Antigo e Novo Testamentos.

Em 1Reis 22 é relatado o fato no qual o dom de discernimento de espíritos aparece de modo maravilhoso. Aqui Acabe, o rei de Israel, falou com Josafá, rei de Judá, para preparar guerra a fim de tomar Ramote-Gileade das mãos do rei da Síria. Na ocasião, Josafá e Acabe estavam sentados majestosamente nos seus tronos, vestidos com as vestes reais numa eira à entrada da porta de Samaria. Quatrocentos profetas, todos profetizaram em uníssono com Zedequias, o filho de Quenaaná, dizendo: "Sobe a Ramote-Gileade, e triunfarás, pois o Senhor a entregará nas mãos do rei" (v. 12). Zedequias fez também para si uns chifres de ferro e disse: "Assim diz o Senhor: Com estes ferirás os sírios até de todo os consumir" (v. 11).

Josafá estava um pouco amedrontado porque todas as profecias eram as mesmas; então, perguntou a Acabe se haveria algum outro profeta do Senhor, ali na terra, a quem eles pudessem consultar. O rei Acabe disse que havia ainda Micaías, o filho de Inlá, mas que ele o aborrecia como profeta, porque as profecias a seu respeito sempre foram contra ele.

Mas o rei Josafá era muito persistente e afinal Micaías foi chamado e questionado a respeito da cruzada. A princípio, Micaías concordou com os outros profetas. Mas quando o rei, que acreditava que Micaías estava sendo falso, pressionou-o para falar a verdade, ele apresentou uma profecia negativa: "Vi todo o Israel disperso pelos montes, como ovelhas que não têm pastor, e disse o Senhor: Estes não têm senhor. Torne cada um em paz para sua casa" (v.17).

Em outras palavras, ele disse que Acabe morreria na batalha. Então, mediante o maravilhoso dom de discernimento de espíritos, Deus mostrou a Micaías as coisas ocultas que estavam acontecendo nos céus.

> "Continuou Micaías: Ouve, portanto, a palavra do Senhor: Vi o Senhor assentado sobre o seu trono, e todo o exército do céu estava junto a ele, à sua mão direita e à sua esquerda. Perguntou o Senhor: Quem induzirá Acabe a subir, para que caia em Ramote-Gileade? Um dizia desta maneira, e outro de outra. Então saiu um espírito, e se apresentou diante do Senhor, e disse: Eu o induzirei. E o Senhor lhe perguntou: De que modo? Respondeu ele: Eu sairei e serei um espírito mentiroso na boca de todos os seus profetas. Disse o Senhor: Tu o induzirás, e ainda prevalecerás. Sai, e faze assim. Assim agora o Senhor pôs o espírito mentiroso na boca de todos estes teus profetas, e o Senhor falou o que é mau contra ti."

Ao revelar de maneira clara a visão dos acontecimentos no céus, Deus capacitou Micaías, o verdadeiro profeta de Deus, a discernir os espíritos.

Micaías calmamente concluiu que as profecias do grupo de mais de 400 profetas vinham de espíritos mentirosos.

Deus permitiu que Acabe fosse morto porque ele persistia em rebelar-se contra Deus. Deus permitiu que espíritos maus entrassem nos profetas de Acabe, a fim de ser atraído à destruição.

Vemos diante de tudo isso que aqueles que não têm o dom de discernimento de espíritos não estão capacitados para distinguir qual profecia é verdadeira. Do mesmo modo, não devemos dar crédito a todas as profecias de forma incondicional, mas discernir se a profecia é em realidade falada pelo Espírito Santo ou por espíritos malignos.

O Novo Testamento também afirma isso. O apóstolo Paulo escreveu sobre a depravação espiritual dos últimos tempos:

"A vinda desse iníquo é segundo a eficácia de Satanás, com todo poder, e sinais e prodígios da mentira, e com todo engano da injustiça para os que perecem. Perecem porque não receberam o amor da verdade para se salvarem. Por isso Deus lhes envia a operação do erro, para que creiam na mentira, e para que sejam julgados todos os que não creram na verdade, antes tiveram prazer na iniquidade" (2Tessalonicenses 2.9-12).

Deus permite que espíritos de ilusão, de engano, trabalhem no meio daqueles que não creem nas Escrituras — a Palavra da verdade eterna de Deus — porque tais pessoas insistem na indulgência, na inveja e deleitam-se com a iniquidade, com a injustiça. O texto de 1Reis 22 apresenta clara evidência disso.

Todos os dons de Deus deveriam ser testados e submetidos ao dom de discernimento de espíritos; quanto mais experiências tivermos com os dons espirituais, mais alerta deveremos estar com os espíritos falsos e mentirosos.

A manifestação do discernimento de espíritos é descrita muitas vezes no Novo Testamento.

Como o Senhor Jesus Cristo é o Deus encarnado, os dons do Espírito Santo dados a ele não podem ser comparados àqueles dados a simples cristãos. Assim sendo, podemos afirmar que Jesus teve grande interesse no discernimento de espíritos durante seus anos de ministério.

Em Mateus 16, quando Jesus foi para as bandas de Cesareia de Filipe, perguntou aos seus discípulos: "E vós, quem dizeis que eu sou?" (v. 15).

Quando Pedro respondeu rapidamente, "Tu és o Cristo, o Filho do Deus vivo. Respondeu-lhe Jesus: Bem-aventurado és tu, Simão Barjonas, porque não foi carne e sangue quem to revelou, mas meu Pai que está nos céus" (vv. 16-17).

Alguém poderia pensar que a confissão de fé, pronunciada por Pedro, teria vindo de seus próprios pensamentos e crença; mas Jesus fez Pedro discernir que não fora por seus próprios pensamentos, mas Deus, no céu, por meio do Espírito Santo que revelara isso ao coração de Pedro.

Mais tarde, Jesus estava dizendo a seus discípulos que deveria ir para Jerusalém e passar por muitos sofrimentos, ser morto e ressuscitar ao terceiro dia. A resposta de Pedro a isso foi: "Senhor, tem compaixão de ti. Isso de modo nenhum te acontecerá" (v. 22). Dessa vez, Jesus censurou Pedro de forma severa pelo que ele disse.

Quando pensamos nisso em termos gerais, esse "não, não digas isso" de Pedro parece-nos brotar do seu amor e fidelidade ao Senhor. Mas o Senhor, mediante o dom do discernimento de espíritos, penetrou na alma de Pedro e disse: "Para trás de mim, Satanás! Tu me serves de pedra de tropeço; não compreendes as coisas que são de Deus, e, sim, as que são dos homens" (v. 23).

Nós ficamos imaginando como a exortação de Pedro (que parecia ser tão leal) fora de fato manipulada por Satanás. Fatos assim nos mostram quão grande é a urgência do dom de discernimento de espíritos.

Por meio das experiências de Pedro e Paulo, os primeiros servos do Senhor na igreja cristã primitiva, podemos examinar o dom do discernimento de espíritos.

Quando descrevemos a cruzada de Filipe por Samaria (Atos 8), vemos que: muitos ouviram o evangelho de Cristo, receberam salvação e cura e foram batizados. Finalmente, Pedro e João foram chamados para orar com os novos convertidos para que pudessem receber o Espírito Santo. Mas um mágico chamado Simão tentou comprar de Pedro esse dom do Espírito Santo.

Agora, Simão ouvira a pregação de Filipe e fora batizado com água. Pela aparência era um convertido fiel. Mas quando Pedro viu Simão por meio do dom de discernimento de espíritos, a natureza real de Simão foi revelada. Pedro disse a Simão: "Vejo que estás em fel de amargura e em laço de iniquidade" (v. 23). Assim, por meio do dom de discernimento de espíritos, a verdadeira natureza de Simão foi revelada aos olhos de Pedro.

Uma situação similar ocorreu em Atos 16, quando Paulo e Silas estavam em Filipos:

> "Indo nós à oração, saiu-nos ao encontro uma jovem que tinha um espírito de adivinhação, a qual, adivinhando, dava

grande lucro aos seus senhores. Esta, seguindo a Paulo e a nós, clamava, dizendo: Estes homens, que nos anunciam o caminho da salvação, são servos do Deus Altíssimo. E isto fez ela por muitos dias. Mas Paulo, perturbado, voltou-se, e disse ao espírito: Em nome de Jesus Cristo, ordeno-te que saias dela. E na mesma hora saiu" (Atos 16.16-18).

Notemos que quando pessoas comuns viram a jovem seguindo a Paulo, elas a ouviam gritar: "Estes homens são servos do Deus Altíssimo, e vos anunciam o caminho da salvação". Era natural que pensassem que ela estava de fato ajudando os servos do Senhor.

Mas quando o apóstolo Paulo olhou para essa jovem mediante o dom de discernimento de espíritos, soube que ela estava possessa por um espírito de adivinhação. Só mais tarde Paulo descobriu que ela vivia da adivinhação; assim, não há dúvida de que ele não conhecera sua profissão por meios naturais. Exteriormente ela parecia ajudar o trabalho do evangelho, mas Paulo fora prevenido de que a jovem era na realidade movida pelo maligno. Assim, expulsou dela o espírito de adivinhação. Como resultado, foi açoitado e encarcerado em Filipo.

O Diabo está sempre tentando destruir as maravilhosas bênçãos de Deus que estão sendo derramadas nas igrejas de hoje. Pela manifestação do dom de discernimento de espíritos em nós, poderemos distinguir o espírito de verdade e o de falsidade de tal modo que não caiamos numa armadilha. Não acreditemos em todos os espíritos, mas experimentemos se os espíritos provêm de Deus (veja 1João 4.1). Devemos participar do movimento do Espírito Santo que está vigilante, aumentando nossa fé.

Capítulo 11
Os dons vocais

Os dons manifestados pela vocalização são dons de línguas, de interpretação de línguas e de profecia.

O dom de línguas

A lista de dons em 1Coríntios 12 menciona línguas: "a um [é dado] variedade de línguas" (v. 10).

As línguas devem ser colocadas em duas categorias: como um *sinal* e como um *dom*.

O falar em línguas que previamente discutimos — fato que ocorre quando alguém recebe o batismo do Espírito Santo — é chamado "língua de sinais", o que é uma prova exterior do enchimento do Espírito Santo.

Para aqueles que leem a Bíblia sem preconceitos teológicos, está claro que todos os exemplos de línguas, relatados em Atos, indicam o sinal externo do batismo do Espírito Santo.

As línguas mencionadas em 1Coríntios 12 e 14 são em essência as mesmas relatadas em Atos, porém usadas com propósito diferente. Portanto, são chamadas "línguas como um dom".

Qual a diferença? Quando falar em línguas é um sinal, as línguas cessam depois da iniciação do batismo do Espírito Santo. Para a pessoa continuar falando em línguas, ela deverá sempre receber as línguas como um dom. Mas há muitos casos em que as pessoas recebem ao mesmo tempo as línguas como um dom e como um sinal.

Falar em línguas como um dom significa que as línguas continuam para o benefício da vida de oração. Aqueles que têm recebido o falar em línguas desse modo podem falar em línguas toda vez que Deus dá esse dom em abundância, para complementar muitas vitórias de fé. Podemos resumir algumas razões para a liberação desse dom:

Possibilita uma profunda comunicação espiritual com Deus: "Pois o que fala em língua, não fala aos homens; senão a Deus. Com efeito, ninguém o entende, e em espírito fala mistérios" (1Coríntios 14.2). Quando falamos em línguas, conversamos com Deus de maneira direta, espírito para Espírito. Ao usar essa linguagem celestial, a porta se nos abre para uma experiência de profundas revelações de Deus.

Traz progresso à vida de fé: "O que fala em língua edifica-se a si mesmo" (1Coríntios 14.4). A palavra edificar, em sua origem, significa colocar tijolos uns sobre os outros na construção de uma casa. A língua torna-se o instrumento pelo qual nossa própria casa de fé é construída.

Ao lado do dom de interpretação de línguas, falar em línguas produz o mesmo efeito que a profecia: "Pelo que, o que fala em língua, ore para que a possa interpretar" (1Coríntios 14.13). Mediante o dom de interpretação, a mensagem em línguas é compreendida e falada na língua nativa de alguém, para que as pessoas que ouvem sejam edificadas. Por meio dessa interpretação sobrenatural, eles compreendem que o Deus vivo está com eles e desse modo se fortalecem.

Esse dom é uma porta para tornar uma oração mais profunda e do mesmo modo, o louvor: "Que farei, pois? Orarei com o espírito, mas também orarei com o entendimento; cantarei com o espírito, mas também cantarei com o entendimento" (1Coríntios 14.15). Há ocasiões em que somos movidos pela emoção e/ou nos sentimos embaraçados para orar. Em tais situações, orar e louvar ao Senhor em línguas pode alcançar muito além do nosso vocabulário. Pode tocar o trono de Deus com uma descrição mais exata da necessidade que sentimos, ou com um louvor que queremos expressar, mas somos incapazes de exteriorizar.

Um sinal para os incrédulos: "De sorte que as línguas são um sinal; não para os cristãos, mas para os incrédulos" (1Coríntios 14.22).

Quando a nova onda de teologia proclamava "Deus está morto", o milagre dos dons vocalizados, entre eles o falar em línguas pelo Espírito Santo, chegaram como um juízo ou desafio para aqueles hereges.

Não é de admirar que a pessoa que recebe o batismo do Espírito Santo e fala em línguas tem fé fervorosa e vida de vitória. Resumindo esses pontos, 1Coríntios 14 nos fala dos muitos benefícios do falar em línguas. Se nós usarmos o dom de línguas de modo correto na igreja, esse dom se tornará como um rio de graça fluindo, de modo abundante, para dentro dos corações de cristãos cujas experiências com o Senhor têm cessado.

O dom de interpretação de línguas

"A outro, [é dada] interpretação de línguas" (1Coríntios 12.10). Ninguém pode entender uma mensagem dada em línguas até que o sentido seja revelado por Deus pelo dom da interpretação de línguas.

A Bíblia relata: "Pois o que fala em língua, não fala aos homens, senão a Deus. Com efeito, ninguém o entende, e em espírito fala mistérios" (1Coríntios 14.2). Mais tarde Paulo diz: "Pelo que, o que fala em língua, ore para que a possa interpretar" (1Coríntios 14.13).

Interpretação de línguas é diferente de uma tradução comum. Tradução, na maioria das vezes, dá o sentido palavra por palavra de uma língua estrangeira, enquanto a interpretação deixa claro o sentido dessa mesma língua. Por exemplo, uma mensagem em línguas pode ser curta, enquanto sua interpretação é longa. Outras vezes a mensagem em línguas é longa, e a sua interpretação curta.

Como a interpretação de línguas é um dom de Deus manifestado pelo homem, não devemos considerá-la como sendo igual à Bíblia em autoridade.

É necessário muito cuidado com a interpretação de línguas, aí deve entrar o discernimento. A interpretação de línguas depende muito da condição de fé por parte do intérprete, da vida de oração e da profunda comunicação espiritual dele com Deus. Pode haver ocasiões em que os pensamentos pessoais do intérprete ou a interferência do Diabo influam na interpretação.

Como outro dom qualquer, o dom de interpretação de línguas é manifestado por meio do milagre da inspiração do Espírito Santo. Ninguém pode interpretar mensagens em línguas continuamente, como faria se estivesse traduzindo uma língua estrangeira. Interpretação de línguas só é possível quando Deus permite a inspiração para isso. Tenho encontrado pessoas que falam línguas reunindo uma série de mensagens e interpretando-as, ufanando-se de poderem interpretar as mensagens dadas. Isso é falso e muito perigoso.

Posso discutir melhor o processo de interpretação de línguas descrevendo minhas próprias experiências.

Depois que recebi o dom de falar em línguas, de acordo com o ensinamento das Escrituras, comecei a orar com fervor pedindo o dom de interpretação.

Um dia, em meu dormitório, depois de haver dirigido uma reunião matutina de oração comecei a orar em línguas, de maneira reservada, e de repente o quarto todo pareceu mais cheio de luz. Quando abri os olhos, o quarto estava escuro, mas, quando fechei os olhos de novo, o quarto pareceu como que iluminado pelo sol. Então a interpretação de línguas começou a brotar de meus lábios.

Tão grande foi minha alegria e regozijo que comecei a abusar do dom de interpretação nos dias que se seguiram, e com isso cometi muitos erros.

Desde que me formei no colégio bíblico até agora, a interpretação de línguas tem se tornado um incomparável tesouro em minha experiência cristã. Como todas as demais coisas, esse dom tem aumentado e se aperfeiçoado, por meio das experiências acumuladas, de tal modo que agora possuo discernimento considerável, pelo que sou grandemente grato a Deus.

Pelas minhas experiências pessoais, assim como pelas dos conhecidos líderes cheios do Espírito Santo, posso concluir que o dom de interpretação de línguas pode ser manifestado de muitos modos:

Primeiro, uma pessoa para interpretar uma mensagem dada em línguas às vezes o faz pela fé, através da ordem do Espírito Santo em seu coração, a qual se torna uma urgência repentina em seu espírito. Em tal caso, a ordem poderosa de Deus enche o coração junto com a graça abundante do Espírito Santo. Então, como Abraão, o qual de acordo com o chamado de Deus saiu de Ur da Caldeia sem saber para onde ir, a pessoa começa a falar pela fé e, como num mistério, Deus provê a habilidade de interpretar a mensagem.

Segundo, quando alguém dá uma mensagem em línguas haverá ocasiões em que apenas o sentido geral da mensagem é revelado ao coração. Nesse caso, todas as palavras da mensagem não são conhecidas. Em tal situação, a pessoa que recebeu a interpretação pelo Espírito Santo a explica com seu próprio entendimento e suas palavras.

Terceiro, quando alguém fala em línguas, às vezes, só parte da mensagem é revelada. Se essa parte for verbalizada, a parte restante é então revelada, como um novelo de linha que se desenrola. Enquanto continuamos, a interpretação vai se manifestando.

Quarto, logo depois que uma mensagem em línguas é dada, a interpretação dela pode seguir-se imediatamente, pela mesma pessoa que falou, fluindo de forma livre, como seda na mensagem em línguas. Nesse caso, a interpretação é dada apenas à boca (a pessoa não forma as palavras em sua mente), com a interpretação fluindo durante o tempo em que a inspiração do Espírito Santo durar.

Por último, há um caso no qual a mensagem é falada numa língua estrangeira, e um dos presentes pode traduzi-la para a língua do lugar, a qual todos podem entender. Nesse caso, a interpretação não é sobrenatural. Ainda que raramente aconteça, tenho ouvido muitos testemunhos de experiências como essas.

O dom de profecia

"A outro [é dada] profecia" (1Coríntios 12.10). Quando dizemos profecia, entendemos de maneira literal como sendo a revelação da palavra de Deus obre o futuro.

Através dos Antigo e Novo Testamentos, Deus profetizava sobre o fim dos tempos, sobre o novo céu e a nova terra centralizada ao redor do povo de Israel.

Todas essas profecias escritas na Bíblia são a Palavra de Deus enviada a nós pelo relato fiel dos profetas que escreveram por inspiração do Espírito Santo.

Notemos o que o apóstolo Pedro escreveu: "Pois a profecia nunca foi produzida por vontade dos homens, mas os homens santos da parte de Deus falaram movidos pelo Espírito Santo" (2 Pedro 1.21).

Por sua especial providência, Deus cuidou que as profecias e os escritos bíblicos fossem registrados sem falha até que o cânon (os livros da Bíblia oficialmente aceitos como genuínos) fosse estabelecido.

Devido à Bíblia estar já completa, o dom de profecia dado pelo Espírito Santo é diferente das profecias bíblicas. O principal propósito da profecia, revelada sob a unção do Espírito Santo hoje não é predizer eventos futuros, mas edificar, exortar e confortar cristãos. A Bíblia ensina claramente: "Mas o que profetiza, fala aos homens para edificação, exortação e consolação" (1Coríntios 14.3).

Concernente ao dom de profecia, quero dizer que esse dom também pode relatar eventos futuros. Mas, sem dúvida, a palavra de profecia resultante da manifestação do dom não pode nunca ser considerada igual à Palavra de Deus escrita tampouco substituí-la.

Embora a profecia seja dada por uma pessoa que tenha recebido esse dom, sua veracidade ou falsidade deve ser discernida e julgada pelos outros cristãos.

Paulo confirma isso em sua epístola aos Coríntios: "E falem dois ou três profetas, e os outros julguem" (1Coríntios 14.29). Repito que a profecia manifestada hoje em dia como dom do Espírito Santo não deve ser aceita cegamente, mas recebida com discernimento.

Isso está claro em Isaías 8.20: "À lei e ao Testemunho! Se eles não falarem segundo esta palavra, nunca verão a alva".

Profecia, em nossa época, é confirmação de que os cristãos podem aceitar as palavras e as lições bíblicas, receber salvação confirmando os ensinos da Bíblia e aprofundar sua fé.

O apóstolo Paulo escreveu concernente à profecia usada na igreja:

> "Mas, se todos profetizarem, e algum indulto ou incrédulo entrar, por todos é convencido, por todos é julgado; os segredos do seu coração ficarão manifestos, e assim, lançando-se sobre o seu rosto, adorará a Deus, declarando que Deus está verdadeiramente entre vós" (1Coríntios 14.24-25).

Nessa passagem, de novo, o dom de profecia é descrito em termos de ministério — convencendo do pecado, julgando uma vida errada ou manifestando os segredos do coração. Como resultado, as pessoas terão sua fé edificada, e a igreja — o corpo de Jesus Cristo — crescerá.

Devido às características da profecia, Paulo, entre todos os dons, enfatizou em especial esse, dizendo: "procurai com zelo os dons espirituais, mas principalmente o de profetizar" (1Coríntios 14.1), e "Portanto, irmãos, procurai, com zelo, profetizar, e não proibais o falar em línguas" (1Coríntios 14.39).

Profecia é o dom que ministros e pregadores do evangelho de Jesus Cristo deveriam desejar. Quando a Palavra é pregada por meio desse dom à congregação, o poder fortalecedor aparece, e o fruto do evangelho pode ser colhido.

Muitas pessoas, atualmente, usam mal esse dom e, às vezes, o fazem até com certo abuso. Tendo deixado os ensinos do evangelho, tais pessoas profetizam destino, fortunas, como se fossem adivinhadoras ou cartomantes.

Pessoas assim não receberam o verdadeiro dom do Espírito Santo, mas são possuídas por espíritos mentirosos e têm se tornado profetas de espíritos malignos de adivinhação.

Assim como todos os outros dons, o dom de profecia é dado para pregar o evangelho de Cristo e edificar a igreja; de modo algum ele é dado para satisfazer desejos pessoais ou como instrumento de superioridade. Aqueles que têm recebido esse dom pela inspiração do Espírito Santo devem usá-lo apenas para pregar o evangelho e para salvar as almas perdidas.

Capítulo 12
Os dons de poder

Já estudamos os dons de revelação (palavra da ciência, palavra do conhecimento e discernimento de espíritos) e os dons de vocalização (línguas, interpretação de línguas e profecia). Vejamos agora os dons de poder.

O Dom de Fé

"A outro, pelo mesmo Espírito, foi dado fé" (1Coríntios 12.9). Fé é o tesouro sem o qual o homem não pode viver. Suponhamos que você perca a fé mesmo por um momento. Você duvidaria da fidelidade dos membros de sua família. Não seria capaz de dirigir seu carro ou outros meios de transporte, pois não confiaria neles. Por não confiar nas facilidades que são essenciais à nossa vida civilizada — como bancos ou agências de correios — sua vida toda será completamente paralisada.

Assim como uma pessoa nasce com olhos, ouvidos, nariz e boca, assim também nasce com fé. Algumas pessoas desenvolvem a fé de forma mais rápida que outras. Se tiverem grande determinação na vida, seu crescimento na fé será grande, porém em outras pessoas esse mesmo crescimento é mais lento, pois são pessimistas e negativas.

Mas pensemos agora sobre a fé cristã. Nos dias de hoje, expressões como "perdi a fé" ou "tenho pouca fé" sempre partem da boca dos cristãos.

Será que verdadeiramente existem aqueles que não têm nenhuma fé? Romanos 12.3 diz: "mas que saiba com moderação, segundo a medida da fé". Esse verso revela que Deus tem conferido a cada pessoa uma medida de fé. Se isso é verdade, então por que as pessoas não admitem que elas têm recebido fé? Deus nunca mente.

Entretanto, apesar de haver diferença nos graus de fé, ninguém dentre aqueles que têm aceitado Jesus Cristo como Salvador é totalmente sem fé. Assim, em obediência à Palavra de Deus, devemos dizer: "Tenho fé como está escrito nas Escrituras. Tenho fé suficiente para ser salvo, para receber cura e para receber respostas de Deus".

Mais do que isso, a fé que recebemos de Deus no Senhor aumenta quando ouvimos a Palavra de Deus. Em Romanos 10.17, lemos: "De sorte que a fé vem pelo ouvir, e o ouvir pela Palavra de Deus". Quando ouvimos a Palavra de Deus, meditamos nela e a digerimos, recebemos fé. E essa fé cresce.

Alguns cristãos podem dizer: "minha fé parece tão fraca!". Apesar de Deus não louvar a fé fraca de ninguém, ele nunca disse que fé fraca não serve para nada. Jesus disse em Mateus 17.20: "Em verdade vos digo que, se tiverdes fé como um grão de mostarda, direis a este monte: Passa daqui para acolá, e ele passará. Nada vos será impossível".

Essa palavra ensina que não é importante ser a fé forte ou fraca, grande ou pequena, mas sim que você tenha fé viva e não morta. Fé tão pequena como um grão de mostarda — viva, atuante e crendo nos milagres de Deus — produzirá grande poder que vai além da imaginação humana.

Dentro desse assunto, temos considerado a fé em geral. Mas a fé que o Deus fiel nos tem dado de acordo com nossa medida é a fé produzida pela Palavra. Mas como é o dom da fé manifestado pelo Espírito Santo?

O dom da fé recebido do Espírito Santo tem características bem diferentes dos tipos de fé mencionados anteriormente. Fé concedida como um dom é, por si mesma, trabalho direto e imediato do Espírito, o que quer dizer que a fé que vem de Deus é depositada no coração do cristão. Essa fé forte, que vai além da imaginação humana, é produzida de tal modo que grandes milagres podem ser realizados por Deus.

O cristão não possui sempre essa fé, ela só é manifestada quando surge uma necessidade, de acordo com a hora e o lugar que o Espírito Santo determinar.

Tenho experimentado muitas vezes essa fé especial. Numa hora de necessidade, o Espírito Santo derrama em meu coração o dom da fé para completar o glorioso trabalho de Deus. Onde quer que eu experimente esse dom da fé, com paixão sobrenatural e força de vontade, passo a ter certeza de que Deus está no controle, e o resultado imediato é a resposta para minha necessidade.

O Dom de Cura

"E a outro, [é dado] pelo mesmo Espírito, dons de curar." (1Coríntios 12.9). Fé cristã e cura são inseparáveis. É verdade que a cura é parte central do evangelho da graça remidora do Senhor Jesus Cristo.

No Antigo Testamento, Deus revela-se como o Deus que cura. Êxodo relata Deus fazendo um pacto com os filhos de Israel:

> "Disse ele: Se ouvires atentamente a voz do Senhor teu Deus, e fizeres o que é reto diante dos seus olhos, e inclinares os teus ouvidos aos seus mandamentos, e guardares todos os seus estatutos, nenhuma enfermidade virá sobre ti, das que enviei sobre os egípcios; pois eu sou o Senhor que te sara" (Êxodo 15.26).

Davi, o rei escolhido por Deus para dirigir seu povo, louvou a Deus e disse: "É ele quem perdoa todas as tuas iniquidades, e sara todas as tuas enfermidades" (Salmo 103.3).

Malaquias, o escritor do último livro do Antigo Testamento, profetizou: "Mas para vós, que temeis o meu nome, nascerá o sol da justiça, trazendo salvação debaixo das suas asas. E saireis, e saltareis como bezerros libertos da estrebaria" (Malaquias 4.2). Essa profecia mostra que o trabalho de evangelização de Jesus Cristo seria o trabalho de cura de ambos: espírito e corpo.

O ministério público de Jesus centrava-se, sem dúvida, nessas duas curas. Quase dois terços de seu ministério foram dedicados à cura.

Isaías, que profetizou cerca de 700 anos antes de Cristo, descreveu a redenção de Jesus. Em Isaías 53, ele fala com detalhes sobre o trabalho remidor de Jesus Cristo e salienta que todas as doenças estavam incluídas no ato de redenção: "Verdadeiramente ele tomou sobre si as nossas enfermidades, e as nossas dores levou sobre si" (v. 4): "e pelas suas pisaduras fomos sarados" (v. 5). "Todavia, ao Senhor agradou moê-lo, fazendo-o enfermar" (v. 10).

As verdades dessas profecias são confirmadas pelos testemunhos dos discípulos de Jesus. Mateus, depois de relatar os maravilhosos trabalhos de cura realizados por Jesus, afirmou que esse era de fato o cumprimento de Isaías 53.4. "(Jesus) curou a todos os enfermos. Isto aconteceu para que se cumprisse o que fora dito por intermédio do profeta Isaías: Ele tomou sobre si as nossas enfermidades e levou as nossas doenças" (Mateus 8.16-17).

Pedro, pregando sobre a redenção de Jesus, não deixou de incluir que a cura que recebemos dele fez parte de seu sofrimento pela redenção da humanidade: "pelas suas feridas fostes sarados" (1Pedro 2.24).

Então, o último e maior mandamento de Jesus, entregue momentos antes de ser arrebatado ao céu, refere-se à expulsão de demônios e cura (Marcos 16.15-18). Ele nos mostrou que a cura está ligada à pregação do evangelho.

O Dom de Operar Milagres

"A outro [é dado] a operação de milagres" (1Coríntios 12.10). A palavra milagre refere-se ao marcante ou surpreendente evento que acontece pela direta intervenção de Deus, sem seguir as conhecidas leis da natureza. Um milagre é a suspensão temporária de leis comuns da natureza e a intervenção de um poder sobrenatural. A Bíblia contém extensa relação de milagres.

O Antigo Testamento inclui milagres em quase todos os seus livros. Examinemos alguns desses relatos.

Um dos exemplos mais fortes foi o milagre que Deus operou na vida de Abraão e Sara. Quando Abraão estava com mais ou menos cem anos de idade, e Sara já havia passado da idade de poder conceber, Deus miraculosamente deu-lhes um filho, Isaque, que se tornou o antepassado da nação judaica.

Esse milagre foi tão maravilhoso que o Novo Testamento assim o descreve:

> "O qual, em esperança, creu contra a esperança que seria feito pai de muitas nações, conforme o que lhe fora dito: Assim será a tua descendência. E não enfraqueceu na fé, nem atentou para o seu próprio corpo amortecido, pois era já de quase cem anos, nem tampouco para o amortecimento do ventre de Sara. Ele não duvidou da promessa de Deus, deixando-se levar pela

incredulidade, mas foi fortificado na fé, dando glória a Deus, estando certíssimo de que o que ele tinha prometido também era poderoso para cumprir. Pelo que isso lhe foi imputado para justiça" (Romanos 5.18-22).

Essa fé para a operação de milagres não havia sido dada só a Abraão, mas também a Sara:

> "Pela fé, também, a própria Sara recebeu poder de conceber um filho, mesmo fora da idade, porque teve por fiel aquele que lhe havia feito a promessa. Pelo que também de um, e esse já amortecido, desceram tantos, em multidão, como as estrelas do céu, e como a areia inumerável que está na praia do mar" (Hebreus 11.11-12).

Tal ocorrência não é comum. Esse é o milagre que, por meio da intervenção especial de Deus, trouxe uma concepção totalmente impossível pelas leis naturais.

Outro milagre ocorreu quando Moisés e os filhos de Israel chegaram às praias do mar Vermelho. Estavam frente ao mar que bloqueava sua passagem e atrás os perseguia o grande exército egípcio. Assim que Moisés orou a Deus, recebeu a resposta. Com uma vara em sua mão, Moisés ordenou que a água do mar Vermelho se separasse, e os filhos de Israel atravessaram o mar a pé enxuto.

Alguns oponentes insistem que isso não foi na realidade um milagre. Dizem eles que quando Moisés chegou ao mar Vermelho, a maré havia baixado, e assim ele "por sorte" conseguiu passar pelo meio.

Estas pessoas, entretanto, desconhecem o fato de que todos os egípcios que perseguiam Israel se afogaram na água. Se o nível da água tivesse baixado bastante para os filhos de Israel poderem entrar e atravessar, por que o exército egípcio todo e seus cavalos não conseguiriam também?

Pela lei da natureza, o mar não podia ser dividido de maneira que o povo pudesse atravessar a pé enxuto. Tal fenômeno só pôde acontecer pelo poder de Deus manifestando-se sobre a lei da natureza: um milagre.

Outra maravilhosa manifestação do dom de operação de milagres teve lugar na vida de Josué. Josué estava dirigindo os filhos de Israel numa terrível batalha contra os amonitas. Para ganhar, os israelitas precisavam de tempo, mas o sol começou a se pôr. De repente, Josué ergue a voz, olha para o sol e ordena: "Sol, detém-te em Gibeom, e tu, lua, no vale de Aijalom" (Josué 10.12). O dom de realização de milagres operou por meio de Josué naquela hora.

Do ponto de vista humano, que ordem tola! E a Bíblia ainda relata os resultados: "E o sol se deteve, e a lua parou, até que o povo se vingou de seus inimigos. Não está isto escrito no livro dos justos? O sol se deteve no meio do céu, e não se apressou a pôr-se, quase um dia inteiro" (Josué 10.13).

De novo, Deus suspendeu temporariamente a operação da lei natural para manifestar sua divina providência.

O Novo Testamento também relata muitos casos da manifestação do dom de operação de milagres.

As curas que recebemos quando nos achegamos ao Senhor estão dentro de duas categorias: Algumas vêm pelo dom de cura e outras pelo dom de operação de milagres.

Quando o dom de operação de milagres atua, a doença se afasta na hora, a pessoa de imediato recobra a saúde. Quando o trabalho é feito pelo dom de cura, a causa da moléstia é removida lentamente e o efeito do tratamento começa a surgir levando ao restabelecimento.

Conclusão

Quando o Espírito é derramado, as igrejas estabelecidas começam a buscá-lo com fervor. Os cristãos, porém, devem estar preparados para combater doutrinas errôneas ou heréticas que surjam e que procuram imitar o trabalho do Espírito Santo.

Para que o Espírito Santo seja livre, e cada vez se manifeste mais, devemos conservar uma saudável e forte fé baseada na Palavra de Deus. Para isso, um entendimento básico da doutrina do Espírito Santo é indispensável.

Esse é o propósito deste livro: esclarecer, ensinar e encorajar cristãos a santificar sua vida, orando para maior derramamento do Espírito Santo — prestes a chegar!